인공지능으로 알아보는 미래 유망 직업

2판 2쇄 발행	2022년 9월 20일
글쓴이	김일옥
그린이	이진호
펴낸이	이경민
펴낸곳	㈜동아엠앤비
출판등록	2014년 3월 28일(제25100-2014-000025호)
주소	(03737) 서울특별시 서대문구 충정로 35-17 인촌빌딩 1층
홈페이지	www.moongchibooks.com
전화	(편집) 02-392-6901 (마케팅) 02-392-6900
팩스	02-392-6902
전자우편	damnb0401@naver.com
SNS	

ISBN 979-11-6363-277-1 (74400)

※ 책 가격은 뒤표지에 있습니다.
※ 잘못된 책은 구입한 곳에서 바꿔 드립니다.
※ 이 책에 실린 사진은 위키피디아, 셔터스톡에서 제공받았습니다.

초등 융합 사회과학 토론왕 시리즈의 출판 브랜드명을 과학동아북스에서 뭉치로 변경합니다.
도서출판 뭉치는 ㈜동아엠앤비의 어린이 출판 브랜드로, 아이들의 지식을 단단하게 만들어 주고, 아이들의 창의력과 사고력을 키워 주어 우리 자녀들이 융합형 창의 사고뭉치로 성장할 수 있도록 좋은 책을 만들겠습니다.

인공 지능으로 알아보는
미래 유망 직업

글쓴이 **김일옥** | 그린이 **이진호**

뭉치
MoongChi Books

 | 펴내는 글 |

미래 직업 준비, 어떻게 해야 할까?
인공지능 때문에 우리의 일자리가 사라지지는 않을까?

선생님의 질문에 교실은 일순간 조용해지기 시작합니다. 인내심이 한계에 다다른 선생님께서 콕 집어 누군가의 이름을 부르는 순간 내가 걸리지 않았다는 안도감에 금세 평온을 되찾지요. 많은 사람 앞에서 어떻게 말을 해야 할까 고민 한번 해 보지 않은 사람은 없을 겁니다.

사람들 앞에서 자신의 생각을 조리 있게 전달하는 기술은 국어 수업 시간에만 필요한 것이 아닙니다. 학교 교실뿐만 아니라 상급 학교 면접 자리 또는 성인이 된 후 회의에서도 자신의 의견을 분명히 표현할 수 있어야 합니다. 하지만 어디서부터 시작해야 할지 몰라 입을 떼는 일이 쉽지 않습니다. 혀끝에서 맴돌다 삼켜 버리는 일도 종종 있습니다. 얼떨결에 한마디 말을 하게 되더라도 뭔가 부족한 설명에 왠지 아쉬움이 들 때도 많습니다.

논리적 사고 과정과 순발력까지 필요로 하는 토론장에서 자신만의 목소리를 내려면 풍부한 배경지식은 기본입니다. 게다가 고학년으로 올라가서 배우는 수업과 진학 시험에서의 논술은 교과서 속의 내용만을 요구하지 않습니다. 또한 상대의 의견을 받아들이거나 비판하기 위해서도 의견의 타당성과 높은 수준의 가치 판단을 해야 하는 경우가 많은데, 자신의 입장을 분명히 하기 위해선 풍부한 자료와 논거가 필요합니다.

토론왕 시리즈는 사회에서 일어나는 다양한 사건과 시사 상식 그리고 해마다 반복되는 화젯거리 등을 초등학교 수준에서 학습하고 자신의 말로 표현할 수 있도록 기획

되었습니다. 체계적이고 널리 인정받은 여러 콘텐츠를 수집해 정리하였고, 전문 작가들이 학생들의 발달 상황에 맞게 스토리를 구성하였습니다. 개별적으로 만들어진 교과서에서는 접할 수 없는 구성으로 주제와 내용을 엮어 어린 독자들이 과학적 사고뿐만 아니라 문제 해결력, 비판적 사고력을 두루 경험할 수 있도록 하였습니다. 폭넓은 정보를 서로 연결 지어 설명함으로써 교과별로 조각나 있는 지식을 엮어 배경지식을 보다 탄탄하게 만들어 줍니다. 뿐만 아니라 국어를 기본으로 과학에서부터 역사, 지리, 사회, 예술에 이르기까지 상식과 사회에 대한 감각을 익히고 세상을 올바르게 바라보는 눈도 갖게 할 것입니다.

『인공지능으로 알아보는 미래 유망 직업』의 주인공 유망이는 하고 싶은 일도 많고 꿈도 많은 초등학생 남자아이랍니다. 어느 날 엄마와 〈뭐든지 다 물어봐 점집〉에 간 유망이는 바닥에 있는 정체불명의 물건을 밟고 2037년의 미래 도시로 시간 여행을 하게 된답니다. 유망이는 미래 도시의 〈직업 체험 테마파크〉에서 로봇 수리 전문기사, 금융계의 종합 예술가 브레인 퀀트, 세계 전략을 구성하는 세계 자원 관리자, 개성을 스타일하는 개인 브랜드 매니저, 죽어가는 지구를 살리는 환경 전문가 등을 만나 다양한 직업을 체험하게 됩니다. 또한 푸드 제조기 3D 프린터로 음식도 만들어 먹고 의사가 되어 환자를 진료하는 등 다양한 체험을 통해 미래를 향한 꿈을 펼쳐 나가게 됩니다. 이 책을 통해 독자 여러분이 미래 유망 직업에 대한 다양한 정보와 특성을 이해하고, 그 과정에서 나타나는 여러 가지 사회 현상을 파악해 올바른 가치관을 갖게 된다면 더없이 소중한 시간이 될 것입니다.

편집부

펴내는 글   04

유망 직종을 찾아서!   08

● 유망 직업이란 뭘까요?   10

[생활·여가 분야] 사물인터넷으로 연결된 편리한 미래 도시   11
직업 체험 테마파크의 세계로!
택시를 운전하는 기사가 없어요!

토론왕 되기! 미래의 도시는 어떤 모습일까?

[문화·예술 분야] 문화·예술계에서 활약하는 인공지능의 세계   23
사이보그가 모델도 한다고?
인공지능이 작곡을 하고 홀로그램으로 공연도 한다고?

토론왕 되기! 인공지능(AI) 때문에 우리의 일자리가 사라질까?

[IT·로봇 분야] 로봇 수리 전문가를 체험하다!   41
가상체험 슈트를 입고 가상현실 직업 체험을 하다!
로봇을 수리하는 로봇 수리 전문가

토론왕 되기! 서비스 로봇이 보편화되면 미래 직업은 어떻게 바뀔까?

4장 [의료 복지·3D 프린팅 분야]
환자를 진료하고 3D 프린터로 만든 피자를 먹다!   63

인공지능으로 환자를 진료할 수 있다고?

3D 프린터가 만들어 준 피자

토론왕 되기! 의료 혁명으로 평균 수명 120세!
평생 동안 직업을 7~8가지나 가진다고?

5장 [경제·경영 분야] 미로를 빠져나와 골든 벨을 울려라!   87

금융계의 종합 예술가! 브레인 퀀트

세계 전략을 구성하는 만물박사! 세계 자원 관리자

창업을 도와주는 창업 투자 전문가

개성을 스타일하다! 개인 브랜드 매니저

토론왕 되기! 1인 메이커 시대, 온라인에서는 콘텐츠를 만들고,
오프라인에서는 무엇이든 만들 수 있다고?

6장 [환경 에너지 분야] 죽어가는 지구를 살리는 환경 전문가   117

환경오염으로 죽어가는 지구를 살려요

다시 집으로

토론왕 되기! 미래 직업 준비, 어떻게 해야 할까?

- 미래 유망 직업 관련 사이트   135
- 어려운 용어를 파헤치자!   136
- 신나는 토론을 위한 맞춤 가이드   138

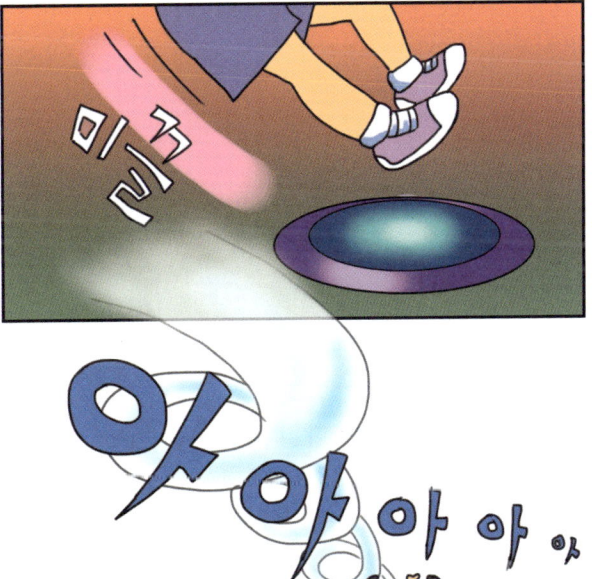

✦ 유망 직업이란 뭘까요? ✦

직업은 과학기술의 발전과 사회제도의 변화에 따라 사라지기도 하고 새롭게 생겨나기도 해요. 옛날 전화를 직접 연결해 주던 전화교환수가 사라지고, 새로운 통신업체 기술자들이 생겨난 것처럼요. 과학기술의 발달 속도는 우리들 생각보다 훨씬 빠르게 진행되고 있어요. 미래에는 어떤 직업이 사라지고 어떤 직업이 새롭게 등장할까요? 20년 후 우리들의 미래는 이제까지의 모습과는 전혀 다르답니다.

다가오는 미래에는 어떤 직업을 가지는 게 좋을까요? 단순하게 돈을 많이 버는 일이 좋은 직업일까요? 돈을 많이 버는 것만이 중요한 게 아니에요. 내 적성에도 맞아야 하고, 사람들로부터 존경을 받으면 더욱 좋겠지요. 흔히들 말하는 좋은 직업, 즉 '유망 직업'은 사실 '일을 가지게 될 기회가 많은 직업'이에요. 취업의 문이 넓은 직종인 데다, 소득도 높아서 '인기'도 많아요. 점점 더 많은 사람들이 그 일을 하고 싶어 하지요. '전문지식과 기술'을 가지고 있기 때문에 쉽게 해고를 당하지도 않아요. 이러한 직업군들을 '유망 직종'이라고 해요.

미래로 타임 슬립한 유망이와 함께 미래 유망 직종에 대해 알아볼까요?

생활 1장 여가 분야

사물인터넷으로 연결된 편리한 미래 도시

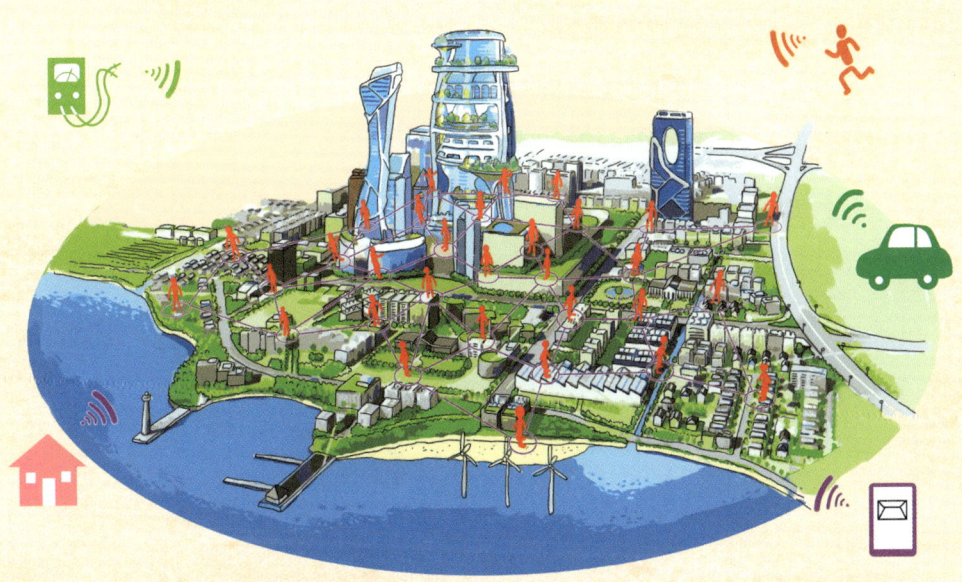

직업 체험 테마파크의 세계로!

　유망이는 두 눈을 찔끔 감은 채 정신없이 달렸어요. 한참을 달리다가 문득 눈을 떠 보니 모든 게 낯설었어요. 도로는 깔끔하게 정돈되어 있고 그 끝에 커다란 건물이 보였는데, 건물이 마치 우주선 같아 보였어요.
　유망이는 어안이 벙벙한 채 중얼거렸어요.
　"여기가 어디지?"
　그러자 도로 옆에 심겨진 가로수가 대답했어요.
　"여기는 서울메트로시티 101번지 '직업 체험 테마파크' 100미터 앞입니다."
　유망이는 깜짝 놀라 주춤 물러서다가 엉덩방아를 찧었어요.
　"헉! 나무! 나무가 말을 하다니."
　유망이는 너무 놀라 심장이 벌렁거렸지만, 아무런 일도 일어나지 않았어요. 유망이는 잠시 숨을 가다듬은 다음 슬그머니 일어나 말하는 나무 옆으로 다가갔어요. 나무줄기에 네모난 모니터가 달린 것만 빼고는 도로변에 있는 여느 나무와 다를 바 없었지요.
　유망이가 나무에 장착된 모니터를 빤히 들여다보자, 모니터에 달린 스피커에서 목소리가 들려왔어요.
　"저는 길 안내 내비게이터 길잡이-봇입니다. 무엇을 도와 드릴까요?"
　"어? 어? 어?"

사물인터넷: 나무가 말을 하다니!

사물인터넷이란 사람과 주변 사물들이 서로 유·무선 네트워크로 정보를 주고받는 환경을 말해요. 유망이가 '여기가 어디지?'라고 물어보면 가까이에 있는 길 안내 내비게이터가 반응하여 대답을 해 준답니다. 길 안내 내비게이터는 또 다른 사물 '택시'와도 연결되어 직접 택시를 호출해 줄 수도 있지요.

사물인터넷 기술은 다양한 분야로 확대·발전하고 있어요. 신발, 가방 같은 개인이 가지고 있는 작은 물건뿐만 아니라 가정에 있는 가전제품에서도 이미 사물인터넷 기술을 볼 수 있어요. 똑똑한 TV, 말하는 냉장고, 저절로 켜졌다 꺼지는 조명과 난방기기들은 모두 스마트 센서가 부착되어 있답니다. 이런 센서가 부착된 사물들이 서로 연결되어 필요한 정보를 주고받으면서 다양한 기능을 수행한답니다.

사물인터넷 센서가 서로 정보를 주고받기 위해서는 광범위한 통신 개발자가 필요해요. 사람의 표정이나 음성을 분석하여 사물인터넷과 연동시키는 일도 중요하지요. 사물인터넷 분야는 인공지능을 기반으로 하는 데이터 분석 기술, 사람과의 자연스런 교감을 위한 감성 인터페이스 기술 등 다양한 분야에서 수많은 전문가를 필요로 한답니다.

사물인터넷 관련 유망 직종 사물인터넷 전문가, 사물인터넷(IoT) 활용 교육자, 데이터 모델러, 장소 정보 제공자, 라이프 스타일 평가사, 효율성 컨설턴트, 개인정보 보호관리자

유망이는 멍청하게 중얼거렸어요. 하지만 그제야 상황이 조금씩 이해가 되기 시작했어요.

'나무가 말하는 게 아니라 나무에 붙어 있는 내비게이터에서 소리가 나는 거였어.'

"길 안내를 음성통화로 이용하시려면 1번, 직접 입력하시려면 2번이라고 말씀해 주세요."

"어? 1번."

유망이는 길잡이-봇이 시키는 대로 무작정 대답했어요.

"원하는 목적지를 말씀해 주세요."

"목적지……? 내 목적지는 우리 집! 우리 집이에요."

"우리 집의 주소를 말씀해 주세요."

"어? 그러니까 우리 집 주소는 서울시 종로구 세종대로 175……."

길잡이-봇의 화면이 잠시 흐려지는가 싶더니, 컴퓨터 코딩 숫자들이 순식간에 나열되다가 다시 정상화면이 떴어요.

"말씀하신 주소는 2017년 주소군요. 정확하게 말씀하신 게 맞나요?"

"뭐라고?"

유망이는 계속 어안이 벙벙했어요.

'2017년 주소라고? 그렇다면 지금은 몇 년도지? 지금 눈에 보이는 이 낯선 상황은? 설마……?'

택시를 운전하는 기사가 없어요!

유망이는 의심쩍은 목소리로 길잡이-봇에게 물었어요.

"지금이 몇 년도지?"

"2037년입니다."

유망이는 입이 쩍 벌어졌어요.

2037년!

'그렇다면 나는 지금 미래에 와 있다는 거잖아? 어떻게? 타임머신을 타지도 않았는데. 난 그냥 점집에서 무작정 뛰쳐나왔을 뿐인데!'

그러고 보니 유망이는 그 점집이 수상했어요.

'그래! 점집 도사가 로봇이라는 게 말이 돼?'

"원하시는 목적지까지 대중교통을 이용하시겠습니까? 아니면 무인택시를 불러 드릴까요?"

"무인……택시?"

갈수록 머리가 복잡해졌어요. 아무래도 뭔가가 이상하다고 느낀 유망이는 잠시 생각을 정리했어요.

"그래! 이건 꿈이야. 꿈인 게 틀림없어."

그때 택시 하나가 스르르 유망이 앞에 멈춰 서더니 택시 문이 저절로 열렸어요.

"무인택시를 이용해 주셔서 감사합니다. 저는 드라이버-208번, 원하

[생활·여가 분야] 사물인터넷으로 연결된 편리한 미래 도시

시는 목적지까지 안전하게 모시겠습니다."

열린 택시 안 운전대는 텅 비어 있었어요.

"택시 기사가 없다니! 무슨 꿈이 이렇게 생생하냐!"

유망이가 놀라 소리쳤어요.

"무슨 말씀이신지?"

택시 안에 내장된 모니터 안 택시 기사가 말하고 있었어요.

"아뇨, 아무것도 아니에요. 저는 택시 안 불렀는데요."

유망이가 모니터를 보면서 손을 휙휙 내저었어요.

"그럼 택시 호출을 취소하시겠습니까?"

"네."

"알겠습니다."

모니터 화면이 사라짐과 동시에 택시도 저절로 어디론가 가 버렸어요.

멀어져 가는 택시의 뒤꽁무니를 바라보는 유망이 마음은 복잡했어요.

'저 택시를 타면 다시금 2017년, 우리 집으로 갈 수 있을까? 하지만 지

금 집에 가 버리면 이 모든 게 다 사라져 버리겠지?'

유망이는 주변을 둘러보았어요. 은빛으로 반짝거리는 우주선 모양의 건물, '직업 체험 테마파크' 간판이 눈에 확 들어왔어요.

'이왕 이렇게 된 거 미래 세상을 둘러봐도 괜찮지 않을까?'

유망이는 불안과 걱정보다는 호기심과 모험심이 많은 아이였어요. 게다가 바로 눈앞에 테마파크가 있는데, 그냥 지나칠 수는 없었어요.

유망이는 생긋 웃었어요.

"그래, 걱정은 나중에 하자. 어떻게 되겠지, 뭐. 지금 이 순간을 재미있게 즐기다 가자!"

생활·여가 분야 직업 보고서

미래 사회는 첨단과학 기술의 발달과 통신기술의 발달로 지금과는 전혀 다른 모습입니다. 세상은 좀 더 편리해지지만 자동화, 기계화로는 대체하기 어려운 상담이나 사회복지 등의 분야에서는 여전히 사람의 손길을 필요로 한답니다.

갈수록 크고 복잡해지는 사회와 생활을 단순화시켜 주는 새로운 일자리가 생겨나고, 해커의 위험으로부터 개인의 정보를 지켜주는 정보 보안 분야가 각광을 받고 있어요. 모바일 기기나 pc를 통한 사이버세상 속 관계가 활발해져 세계의 다양한 문화를 더 많이 접하게 되지요. 나와는 다른 종교, 다른 지역, 다른 생활방식과 부딪히면서 개인의 정체성이 다양해지고, 때로는 혼란이 올 수도 있어요. 따라서 글로벌화되는 세상에 맞춰 세계 윤리에 대한 개방적인 사고방식이 필요하지요. 또 자율운행 자동차가 상용화되어 나이 많으신 어르신이나 장애인도 자유롭게 이동할 수 있어요.

뿐만 아니라 미래 사회에는 많은 사람들이 여가 생활을 즐긴답니다. 위험 없이 안전하게 체험하도록 도와주는 기술 장비 덕분에 모두들 더욱 짜릿하고 자극적인 모험을 즐기고 싶어 해요. 이로 인해 새롭게 산업구조가 바뀌고 있어요. 교육과 복지, 삶의 질을 중요시하는 분야의 수요가 늘어나고 새로운 일자리가 계속해서 늘어난답니다.

✦ 미래의 도시 ✦

가전기기 | 스마트TV, 스마트 냉장고, 스마트 에어컨
에너지 관리 | 조명, 전기, 수도, 난방
홈시큐리티 | 도어락, 창문 개폐, CCTV, 움직임 감지 장치

스마트 홈 | 가정 내 네트워크를 통해 거의 대부분의 물건들이 서로 연결되어 있음.

지능형 가로등 | 날씨와 지진활동, 차량과 인간의 이동, 소음, 대기오염 정도를 수집하는 차세대 LED 가로등. 도시에서 일어나는 모든 사건을 실시간으로 파악하여 공공의 안정도를 높이고 무료 주차 공간을 찾아내 주기도 함.
무인 자율운행 자동차들이 달리는 도로 | 도시 전체의 인프라를 통해 교통 흐름에 대한 실시간 정보를 파악하여 차량 교통의 효율성을 증가시킴.

워터넷 | 수도시설에 센서를 장착해 수돗물의 흐름을 관찰하고 전체 사이클을 관리.

열병합발전·난방·냉방 시스템 | 엄청난 수의 컴퓨터가 있는 사무단지에서는 컴퓨터에서 나오는 열만으로도 냉방이 가능한 방식.

디지털로 다용도 변신이 가능한 건물 | 한 건물의 내부가 영화관, 체육관, 소셜 센터, 놀이 공간 등 다양한 용도로 활용됨.

도시 곳곳에 심겨져 있는 나무들 | 소셜 네트워크를 통해 나무를 입양하는 사람들이 늘어남. 도시의 녹지가 10%만 증가해도 기후 변화로 인한 기온 상승을 막을 수 있다는 보고 때문.

※ 참고자료: 세계경제포럼, "도시 혁신 상위 10", 2015.

토론왕 되기!

미래의 도시는 어떤 모습일까?
- 스마트 시티 -

SF영화나 애니메이션에 나올 법한 미래의 도시가 우리 앞에 성큼 다가왔어요. 미래의 도시에는 '모든 사물이 연결'된 스마트 홈, 스마트 병원, 스마트 농장 등이 있어요. 스마트 홈에서는 바깥 날씨에 따라 집 안의 온도가 조절되고, 아침에 일어나면 자동으로 음악을 틀어주고 화분에 물을 주지요. 냉장고, 에어컨, TV, 난방, 조명 등은 서로 자율적으로 정보를 주고받으면서 작동된답니다. 집 안에서 사용되는 전기, 가스, 수도 등의 에너지는 실시간으로 중앙으로 집계되어 효율적으로 관리되고 있어요. 우유가 떨어지면 냉장고에 부착된 감지기가 직접 대형 마트에 주문을 해요. 드론으로 식료품이 배달되어 오기도 하지만 기분전환 삼아 직접 마트에 갈 수도 있지요. 쇼핑 카트에 물건을 담기만 해도 자동으로 계산이 되므로 길게 줄을 서서 계산을 할 필요가 없답니다.

혼자 살고 있는 독거노인의 집에 움직임이 전혀 없다면 근처 병원의 구급차가 자동으로 출동한답니다. 입고 있는 옷에 부착된 생체신호 센서가 병원으로 정보를 전송했기 때문이지요. 범죄가 발생하면 근처에 설치된 CCTV를 통해 용의자의 얼굴이나 차량 정보를 파악하고, 이를 바탕으로 곧바로 범인 추적에 나서겠지요.

자율주행 자동차들이 달리는 스마트 고속도로는 가장 빠르고 안전한 길을 찾아 목적지에 도착하도록 도와줍니다. 알아서 척척 운전하는 스마트카 덕분에 집에 돌아오는 동안에도 영화를 보거나 게임을 즐길 수도 있지요. 만약 스스로 운전하고 싶다면 차량 보험료를 더 내야 할지도 몰라요. 교통사고 발생 위험률이 높아지니까요. 복잡한 도시 내 주차도 걱정할 필요 없어요. 가까이에 비어 있는 주차공간을 알려주고, 어두운 밤거리에서도 사물의 움직임에 따라 가로등이 저절로 꺼지거나 켜지니까요.

▲ 구글 무인자동차

지금 세계의 주요 자동차 회사들은 자율주행 자동차의 상용화를 목표로 연구 개발 중인데 우리나라도 2027년 완전 자율주행 상용화를 위해 많은 투자를 하고 있어요. 구글의 자율주행 자동차는 이미 100만km 이상을 사고 없이 운행했지요. 자동차뿐 아니라 지하철, 비행기, 선박 등도 무인 자율주행이 활발히 진행 중이랍니다. 호주의 한 광산업체에서는 트럭과 굴작기 운전기사를 모두 내보내고 무인 자율주행차를 들여왔어요. 현재 우리나라에서도 서울 강남과 성남 판교를 잇는 신분당선 지하철은 기관사 없이 무인으로 운행·운영되고 있지요. 아직까진 안전한 무인자동차 시스템이 구축되어 있지 않지만 관련 기술이나 이 업종에 대한 일자리 전망은 매우 좋답니다. 교통관리제어, 자동 요금 징수, 장애물 탐지 및 제어 기술, 차량간격제어 기술, 위험물 차량관리 시스템 분야 등에서 관련 전문가들을 필요로 해요.

미래 사회에는 이 모든 것이 가능하답니다. 이를 실현시켜 주는 기술이 바로 사물인터넷(Internet of Things, IoT)이고요. 이외에도 미래 도시에는 어떤 일들이 가능할지 친구 또는 부모님과 이야기해 보세요.

미래 사회에는 어떤 시설들이 우리의 삶을 편리하게 해 줄까요? 설명을 보고 답을 말한 뒤 정답을 확인해 보세요.

1 가정 내 네트워크를 통해 거의 대부분의 물건들이 서로 연결되어 있음

2 수도시설에 센서를 장착해 수돗물의 흐름을 관찰하고 전체 사이클을 관리

3 날씨와 지진활동, 차량과 인간의 이동, 소음, 대기오염 정도를 수집하는 차세대 LED 가로등으로 도시에서 일어나는 모든 사건을 실시간으로 파악

4 엄청난 수의 컴퓨터가 있는 사무단지에서는 컴퓨터에서 나오는 열만으로도 냉방이 가능한 방식

5 운전자의 조작 없이도 스스로 도로 상황을 파악해 목적지에 도착하는 자동차

정답 ① 스마트 홈 ② 워터넷 ③ 지능형 가로등 ④ 열병합발전·난방·냉방 시스템 ⑤ 무인자동차

문화 예술 분야
2장

🍊 문화·예술계에서 활약하는 인공지능의 세계 🍊

사이보그가 모델도 한다고?

테마파크로 다가가자 시끌벅적한 음악이 들려왔어요. 테마파크 건물 앞에서 '패션은 과학이다'라는 테마로 패션쇼가 한창 진행 중이었어요.

키가 크고 늘씬한 모델들 사이로 독특한 모델들이 눈에 띄었어요. 가까이 가서 자세히 보니, 사이보그가 아니겠어요? 사이보그 모델들이 패션쇼장에 있는 사람들 사이를 자연스럽게 걸어 다니고 있었어요.

"맙소사! 모델이 사이보그라니!"

"어디 모델뿐이겠니? 인기 있는 배우와 가수들 중에서 사이보그가 얼마나 많은데."

유망이가 깜짝 놀라 돌아보니, 머리에서 발끝까지 새하얗게 옷을 차려입은 여자가 서 있었어요.

"안녕, 나는 패션 디자이너 한미래란다."

"네? 패션 디자이너라고요?"

유망이는 깜짝 놀라 쳐다봤어요. 패션 디자이너를 만나는 건 처음이라 신기했거든요.

"참 멋진 일을 하시네요. 그런데 어떻게 패션 디자이너가 되셨어요?"

유망이가 관심을 보이며 물어보자 한미래 씨는 빙그레 웃었어요.

"난 늘 사람들을 꾸며주는 걸 좋아했어. 한번은 어떤 사람을 만났는데, 사람은 너무 괜찮은데 패션 감각이 도저히 눈을 뜨고 봐 줄 수가 없더

사이보그 모델, 가수들이 인기를 끈다고?

노인이 노인을 돌보는 고령화 사회의 도래로 로봇 팔 같은 보조적인 도구가 노인들에게는 큰 힘이 되고 있어요. 만약 무거운 짐을 거뜬히 드는 기계 팔이나 먼 거리를 뛰어도 전혀 지치지 않는 튼튼한 다리를 갖게 된다면 어떨까요? 미래에는 이런 기계 슈트를 입고 다니는 사람을 많이 보게 될 거예요.

로봇 산업이 발전하면서 사람의 몸에 기계 장치를 직접 부착하기도 하는데, 사람이나 생물체의 몸에 기계장치를 연결한 사람을 사이보그라고 해요. 쉽게 말해서 기계 인간이지요. 특별히 의식하지 않아도 저절로 움직이는 인간의 팔 다리처럼 몸에 연결된 기계 장치 역시 기능을 자연스럽게 조절할 수 있어요. 현재는 전자 의족(義足)이나 인공 장기(人工臟器) 같은 기계 장치들이 의료 분야에서 활발히 연구되고 있지만, 미래에는 사람의 신체적 능력을 극대화하기 위해 일부러 장착할지도 모르죠. 사이보그는 단순히 추위와 더위를 막아주고 몸을 보호해 주는 기능뿐 아니라 육체적·정신적 능력도 크게 향상시켜 줄 수 있으니까요. 미래에는 인류의 1/10이 사이보그 인간이 될 거라는 예측도 있답니다. 그중에는 당연히 모델, 가수, 배우 등 예체능 분야에서 활동하는 사람들도 있겠죠?

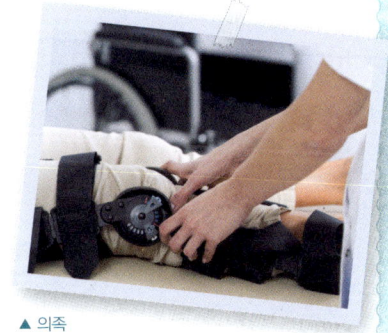

▲ 의족

라고. 내가 가장 싫어하는 유니폼을 늘 입고 다니는 거야. 그것도 일 년 365일 매일매일! 너무 싫었어. 내가 얼굴을 찌푸리자 그분이 내게 '망막 투영렌즈'를 건네주더구나."

"망막 투영렌즈가 뭐예요?"

"그 렌즈를 끼면 상대방에게 옷을 입혀 줄 수가 있어. 먼저 사이버 공간에서 상대방에게 어울릴 만한 옷들을 고르면 렌즈를 낀 내 눈에는 상대방이 그 옷을 입고 있는 걸로 보여. '내 눈에 안경'이라는 말이 딱 들어맞는 거지."

유망이는 어렴풋이 알 것도 같았어요.

"그렇다면 아바타 옷 입히기 증강현실 같은 건가요?"

"맞아! 그렇지. 요새는 다들 그렇게 데이트를 해. 굳이 상대방의 패션에 이러쿵저러쿵 트집을 잡는 것보다 내 눈에 렌즈를 끼는 게 더 낫지. 안 그래?"

유망이는 왠지 쉽게 고개가 끄덕여지지 않았어요. 유망이도 아바타에게 옷을 갈아입히는 놀이는 몇 번 해 본 적

이 있었어요. 하지만 친구에게 내 멋대로 옷을 갈아입히다니! 그런 일은 상상도 하지 못했어요. 친구도 자신이 원하는 옷을 입을 권리가 있지 않을까 하는 생각이 들었지요. 하지만 뭐, 친구분이 직접 망막 투영렌즈를 건네주었다고 하니, 유망이로서는 할 말이 없었어요.

"그분은 왜 매일 같은 옷만 입는대요?"

"아휴, 요즘 옷들에는 과학과 의학이 접목되어 있잖니? 추우면 따뜻해

패션산업계에 부는 신소재 개발 열풍

당뇨병 환자들을 위해 콘택트렌즈에 LED 조명, 무선 칩, 포도당 센서를 부착하여 자동으로 혈당을 체크해 주는 스마트 콘택트렌즈가 있어요. 얼굴에 쓰는 스마트 안경, 몸에 붙여 놓으면 바이러스가 침투했을 때 자동으로 알려주는 전자 피부도 있지요. 몸에 직접 부착하는 이런 액세서리뿐 아니라 패션업계에서는 지금 탄소 나노 섬유 개발에 한창 열을 올리고 있답니다.

나노 섬유는 사람의 머리카락보다 훨씬 얇은 초극세사로 만든 옷감이에요. 나노 섬유는 다양한 고분자 물질을 원료로 만들어지는데, 필터, 의료용 붕대, 생화학 무기 방어용 의복 등으로 만들어지고 있어요. 나노 섬유는 '스마트 옷감'이라고도 불려요. 사람의 체온을 전기로 바꾸어 주는 기술이나 자유롭게 휘어지는 유리 섬유의 개발, 아주 작은 나노 발전기의 개발 등 최첨단 기술과 결합하면서 그 활용 범위는 무궁무진해졌답니다.

▲ 의료용 붕대, 생화학 무기 방어용 의복 등에 사용되는 나노 섬유

나노 발전기는 바람, 진동, 소리, 심장박동, 혈액의 흐름, 근육의 수축과 이완 같은 미세한 움직임만으로도 에너지를 만들어 낼 수 있고 저장도 할 수 있지요.

이런 나노 센서가 부착된 옷감으로 방탄복을 만들어 강력한 전투병을 만들거나, 생체리듬 정보를 전송해 주는 환자복을 만들어 환자들에게 긴급한 의료 서비스를 제공할 수 있답니다.

지고 더우면 통풍이 되어 쾌적할 뿐 아니라 몸에 이상이 생기면 바로 가까운 응급센터로 연락이 가잖아. 게다가 아침마다 뭘 입을지 고민할 필요도 없는 데다, 내 친구는 심장이 약해서 늘 생체칩이 붙어 있는 옷을 입어야 한대."

유망이는 고개를 끄덕였어요.

"요즘 패션업계는 온통 의학과 과학이야. 심지어 세탁이 필요 없는 옷이라니! 편리하겠지만, 걱정스러운 부분도 많아. 어떤 독재자가 나타나 전 국민에게 똑같은 옷만 입히려고 하면 어떡하지? 효율성만을 강조하면서 사람들에게서 자유로운 정신을 다 뺏어 갈지도 몰라. 그래서 유니폼은 너무 끔찍해. 똑같은 옷. 똑같은 행동. 나는 그게 너무 싫어. 패션이란 자유잖아."

한창 열변을 토해 내던 패션 디자이너 한미래 씨가 잠시 말을 끊었어요. 그러고는 혼자 흐뭇하게 웃었어요.

"그래서 나는 그런 편리한 옷보다는 순수한 면 100%, 마 100% 같은 고급스러운 옷감으로 옷을 만들고 싶어."

 인공지능이 작곡을 하고 홀로그램으로 공연도 한다고?

유망이도 미래에는 많은 것들이 변할 거라는 생각은 했었지만 실제 겪어 보니 미래는 상상 그 이상이었어요.

'나도 미래를 위해 뭔가 좀 더 준비해야겠구나.'

유망이는 패션쇼장 뒤편으로 걸어갔어요. 그곳에서는 인기스타의 홀로그램 공연이 진행 중이었어요. 사이보그 가수는 아니었지만, 실제 사람도 아니었지요. 하지만 정말 진짜 같았어요. 아니 훨씬 좋았어요. 화려한 조명과 즐거운 음악에 맞춰 춤을 추는 모습에 유망이도 저절로 몸이 들썩거렸지요. 유망이는 신이 나서 콧노래로 따라 불렀어요.

"잘하는데!"

낯선 소리에 깜짝 놀란 유망이가 뒤돌아보니 어떤 아저씨가 빙그레 웃고 있었어요. 아저씨는 자신을 작곡가 K라고 소개했어요.

"어때? 너도 한번 곡을 만들어 보겠니?"

유망이는 고개를 흔들었어요.

"제가 어떻게 노래를 만들어요? 아무것도 모르는데."

"괜찮아. 내 인공지능 작곡 시스템을 이용하면 네가 원하는 느낌의 곡을 만들어 볼 수 있어."

세상에나, 미래의 예술가들은 거의 대부분 창작을 도와주는 인공지능 프로그램을 가지고 있었어요.

인공지능이 작곡하고 그림도 그린다!

인공지능은 인간만이 할 수 있을 것이라고 생각되던 분야에 적극 침투 중이에요. 2015년 9월에는 독일 튀빙겐대 연구팀이 컴퓨터가 이미지를 판독하는 딥러닝 기술을 이용해 인공지능 화가를 만들었어요. 화가 인공지능에게 보통 사진과 고흐, 피카소 같은 화가의 그림을 주면, 화가 인공지능은 화가의 스타일을 흉내 내 보통 그림을 거장이 그린 것처럼 바꾼답니다. 일본의 전자제품 회사 소니는 2016년 9월 인

▶ 인공지능 화가 Van Gobot이 사진, 또는 고흐, 뭉크 등의 유명 작품을 재구성해 그린 그림. 출처: Quartz

공지능이 작곡한 노래를 발표했어요. 소니가 개발한 작곡가 인공지능 '플로우머신즈(FlowMachines)'는 유명 가수의 노래를 분석한 뒤, 그 가수의 스타일을 흉내 내 노래를 작곡해요. 'Daddy's Car'는 비틀스의 스타일을 그대로 따라해 작곡한 노래랍니다. 인공지능이 작곡했다는 사실을 모르고 들으면 진짜 비틀스가 작곡했다고 착각할 정도로 멜로디가 아름다워요.

"옛날에는 손뜨개질 바늘로 한 땀 한 땀 옷을 만들었지만, 근대에는 대부분의 옷을 직조기계로 만든 옷감으로 만들게 된 것과 같다고 볼 수 있지."
유밍이는 작곡가 아저씨의 도움을 받아 음악을 만들어 보기로 했어요.
"같은 음과 같은 코드를 찾아 음을 그려 보면서 연주해 볼까?"

[문화·예술 분야] 문화·예술계에서 활약하는 인공지능의 세계

유망이는 작곡가 아저씨가 시키는 대로 인공지능이 부착된 신디사이저 건반을 눌러 보았어요. 사실 유망이는 피아노를 배운 적이 있기 때문에 건반을 연주하는 건 별로 어렵지 않았어요.

"오? 악기 연주가 익숙하구나. 음감이 좋은걸. 바로 멜로디를 만들고 화성을 넣어도 되겠구나."

작곡가 아저씨의 칭찬에 유망이는 어깨가 으쓱해졌어요.

"그럼, 이제 원하는 악기와 악보를 골라 봐."

신디사이저에 연결된 모니터에서는 악보가, 스피커에서는 방금 유망이가 만든 곡이 흘러나오기 시작했어요.

"우와! 이걸 제가 만든 거예요?"

"네가 했다기보다는 인공지능이 곡을 만들었다고 볼 수 있지."

작곡가 아저씨가 싱긋 웃었어요.

유망이는 속으로 생각했어요. 적어도 예술 분야는 인간만이 할 수 있는 능력이라고 생각했는데, 도대체 인공지능이 못 하는 게 뭘까?

"이젠 영상이나 사진에 네가 만든 음악을 넣어 볼 수도 있겠지?"

"네. 이 정도는 뭐, 쉽네요. 감사합니다."

유망이는 자신이 만든 곡을 흥얼거리면서 공연장 뒤편에 당당하게 서 있는 우주선 같은 건물로 걸어 들어갔어요.

문화·예술 분야 직업 보고서

최근 한류 열풍에서 볼 수 있듯이 문화 산업은 우리나라가 이끌어 갈 중요한 산업 분야입니다. 작가, 화가, 조각가, 무용가, 작곡가, 지휘자, 디자이너, 연예인 등은 자동화 기술로는 대체될 수 없는 직업입니다. 창의성과 감성, 대중과의 소통을 필요로 하니까요.

하지만 문화·예술 분야의 직업은 IT나 인공지능, 신소재 등 미래 기술과의 결합으로 조금씩 달라지고 있습니다. 전통예술을 통해 사람의 몸과 마음을 치료하는 음악 치료사, 미술 치료사와 같은 새로운 직업이 등장하기도 합니다. 나노 섬유의 개발로 인해, 생체정보를 전달해 주는 옷감으로 옷을 만들어 입기도 합니다. 패션과 의학, 음악과 심리 등 서로 다른 분야와의 융합도 활발해지고 있지요.

특수효과 기술자는 영화를 볼 때 더 실감나는 장면을 만들어 내기 위해 컴퓨터 그래픽 프로그램을 사용하지요. 글을 쓰는 작가는 예전과는 전혀 다른 방식으로 콘텐츠 스토리를 제작합니다. 재미있는 스토리의 공식을 변화시키고 전체 구성을 새롭게 창조해 내는 거죠. 미술계에서도 전통적 방식의 조각이나 그림에 미디어를 결합하여 미디어 아트를 만들어 내기도 합니다.

이처럼 문화·예술 분야는 다양한 소재와 기술, 학문 간의 결합 등, 다양한 모습으로 우리 앞에 나타나게 될 것입니다.

▶ 클림트 작품을 미디어 아트로 재해석한 '클림트 인사이드'전(성수 S-FACTORY)

[문화·예술 분야] 문화·예술계에서 활약하는 인공지능의 세계

✦ 문화·예술 분야 미래 유망 직종 ✦

미래예술가 | 3D와 4D 기술, 신소재를 활용하는 예술 활동뿐 아니라 서로 다른 분야와 융합하거나 새로운 분야를 창조해요.

로봇 공연 기획자 | 로봇 공연 기획과 제작, 수정, 현장 리허설 등을 관리해요.

특수효과 전문가 | 영화에서 관객들에게 더 실감나는 영상을 보여주기 위해 다양한 배경과 특수 효과를 만들어요.

내로 캐스터 | 더욱 다양해지는 사람들의 관심이나 요구에 맞춰 전문화된 방송 프로그램을 만드는 사람들이 내로 캐스터예요. 신문방송학, 영상예술학, 사회학 등을 공부해야 하고 창의력과 독창성이 필요해요.

폴리아티스트 | 영화 속에서 사람의 목소리와 음악을 제외한 모든 상황에서 발생하는 소리를 창조하는 일이에요.

나노 섬유 디자이너 | 기존과는 전혀 다른 최첨단 기술의 기능성 섬유로 만들어진 옷감으로 성능과 기술, 패션을 디자인해요.

캐릭터 MD | 애니메이션뿐 아니라 제품의 캐릭터까지 디자인·기획해요.

동물 랭글러 | 영화, 드라마, 텔레비전, 광고 등에 출연하는 동물을 섭외 및 훈련시켜요.

무인 항공 촬영감독 | 소형 카메라가 장착된 드론이나 헬리캠을 조정하여 영화, 드라마 광고 등의 영상을 촬영하고 기획해요.

기술 혁신을 반영한 취업 증가율 전망 직업 TOP5

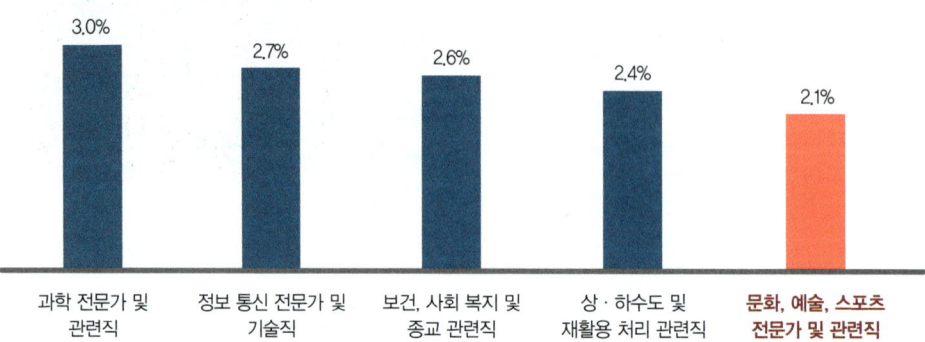

과학 전문가 및 관련직	정보 통신 전문가 및 기술직	보건, 사회 복지 및 종교 관련직	상·하수도 및 재활용 처리 관련직	문화, 예술, 스포츠 전문가 및 관련직
3.0%	2.7%	2.6%	2.4%	2.1%

✩ 우리의 생활을 가장 많이 변화시킬 대표적인 기술 및 함께 변화하는 직업군들 ✩

🪙 자동화 기술

사망 직종(단순 반복적인 작업): 사라질 확률이 높은 직종 | 콘크리트공, 정육원 및 도축원, 고무 및 플라스틱 제품 조립원, 청원경찰, 조세행정사무원, 경리 사무원, 환경미화원, 택배원, 주유원, 부동산 컨설턴트, 보조교사, 육아도우미, 주차관리원 등

유망 직종(창의성에 기초한 예술 관련 직업): 살아남을 확률이 높은 직종 | 화가 및 조각가, 사진작가, 지휘자 및 작곡가, 애니메이터 및 만화가, 무용가 및 안무가, 가수 및 성악가, 메이크업 아티스트, 공예원, 예능강사, 패션 디자이너, 국악 및 전통 예능인, 감독 및 기술감독, 배우 및 모델, 디자이너 등

🪙 자율운행 자동차

사망 직종 | 각종 자동차 운전 기사들(화물차 운전 기사, 택시 기사, 버스 기사), 자동차 보험업계 관계자, 교통경찰, 주차장 관리인, 세차장 직원, 자동차 부품업계 등

유망 직종 | 무인자동차 엔지니어, 교통 수요 전문가, 응급상황 처리대원, 자동교통 건축가, 충격 최소화 전문가, 교통 트래픽 흐름 분석가

🪙 드론

사망 직종 | 각종 배달원(택배, 음식, 우편), 조경기사, 목축업자, 토지 측량사, 지질학자, 긴급구조요원, 소방관, 사진기자, 건설현장 모니터 요원, 경비원 등

유망 직종 | 무인항공기 전문가, 무인항공기 엔지니어, 조정 인증 전문가, 무인항공 교통 최적화 전문가 등

※ 자료: 통계청, 한국고용정보원(2019)

인공지능의 역사

1997년 미국 IBM
슈퍼컴퓨터 딥블루가 세계 체스 챔피언과의 대결에서 승리

1999년 일본 소니
세계 최초의 애완로봇 AIBO(Artificial Intelligence Robot) 출시

2008년 러시아
로봇이 쓴 최초의 소설 '트루 러브' 출간

2009년 미국 스타트시트(Statsheet)사
로봇이 생산한 스포츠 기사를 주요 언론사에 판매

2010년 미국 내러티브 사이언스(Narrative Science)
스포츠, 금융기사를 작성하는 인공지능 개발

2011년 미국 IBM
왓슨 컴퓨터를 퀴즈쇼 '제퍼디'에 출전시켜 우승함

▲ 딥블루

▲ 애완로봇 AIBO

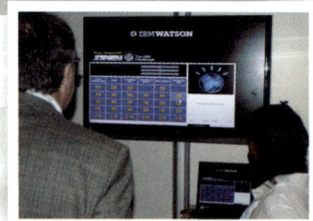
▲ 트레이드 쇼의 IBM 부스에서 펼쳐지고 있는 왓슨 데모

▶ 출처: 구글
알파고가 이세돌 9단과의 바둑 경기에서 승리

▲ 마리오 클링게만의 작품 '행인의 기억I'
인공지능 화가 마리오 클링게만이 그린 그림이 4만 파운드(약 6천만 원)에 팔림.

2013년
포브스지

2014년
일본

2016년
일본

2016년
구글 딥마인드

2016년
페이스북

2019년
구글 딥마인드

2019년
독일

로봇 퀼 기업 전망과 분석, 주가동향 기사 등 산업분야 기사 작성

인공지능 로봇 '도로보쿤' 도쿄대 대학 입시 모의시험 응시

하코다테 미래대학의 인공지능이 출품한 소설이 일본 '호시 신이치 문학상' 1차 예비 심사 선정

페이스북이 딥러닝에게 동화책을 읽어 주자, 딥러닝은 새로운 동화책을 쓴다!

알파스타가 게임 '스타크래프트2' 프로게이머와의 경기에서 승리

▶ 출처: 구글

▲ 스스로 생각해서 이야기할 수 있는 인공지능 '아마존 에코'

토론왕 되기!

 인공지능(AI) 때문에 우리의 일자리가 사라질까?

인공지능은 컴퓨터 프로그램이 인간처럼 생각하고 판단해서 무언가를 만들어 내는 기술이에요. 예를 들어 똑같은 디자인의 구두만 만들어 내던 자동화 기술에 새로운 신발을 디자인해 낼 수 있는 기술까지 더해진 거지요. 마치 구두 만드는 기술을 배우던 사람이 자기만의 구두를 디자인해서 만들어 내는 것과 같아요. 단순 작업만을 하던 기계가 무언가를 창조하기 위해 판단하고 실행하는 거죠. 예전에는 기계는 창조를 할 수 없다고 믿어 왔어요. 사람이 디자인하고, 판단한 후에 지시를 하면 기계는 물건을 만들어 냈지요. 하지만 이제는 인공지능이 수많은 데이터를 기반으로 디자인을 하고 의사결정까지 도와주고 있답니다. 데이터만 충분히 있다면 인공지능은 구두를 디자인하는 것뿐만 아니라 작곡, 글쓰기, 그리기도 할 수 있지요. 인공지능 덕분에 우리의 생활은 분명 편리해지겠지만, 혹시 우리의 일자리가 사라지는 건 아닐까?

미국의 정책 연구소인 브루킹스 연구소의 2020년도 보고서에 따르면 20년 이내에 미국 전체 일자리 중 4분의 1인 3600만 개의 일자리를 인공지능이 대체하게 될 것이라고 해요. 지금까지 사람이 해 온 일을 인공지능이 대신하게 될 가능성이 매우 높은 건 사실이랍니다. 대개 단순한 작업, 정확성을 필요로 하는 작업, 시스템에 의해 대답이 나오는 직업 등이 사라질 확률이 매우 높아요. 하지만 두려워할 필요는 없어요. 비행기가 우리 삶속으로 들어오자 비행기를 조종하는 파일럿, 비행기를 고쳐주는 정비사, 비행기의 이착륙을 도와주는 관제사 등의 직업이 새로 생겨난 것처럼 인공지능이 등장하면 그에 따른 새로운 직업도 생겨날 거예요. 아마도 다음과 같은 직업이 새로 생길지도 몰라요.

로봇 어드바이저 로봇이 비서로서 우리 일을 도와주는 과정에서 생기는 문제를 해결하거나 로봇을 올바르게 사용할 수 있도록 도와주는 어드바이저 역할을 하는 사람.

단순화 전문가 복잡한 정보화 사회에서 업무를 실용적으로 처리하고 좀 더 가치 높은 활동을 위해 복잡한 것을 정리해 주는 전문가.

마인드 인스트럭터 인공지능이나 기술이 빠르게 진화하는 사회에서 가치관이나 자신의 정체성, 행복을 찾지 못하는 사람들의 마음을 치유해 주는 사람.

인공지능은 인간의 능력을 확장시켜 주는 도구랍니다. 내 뜻대로 움직여 주는 마법의 톱과 같은 거지요. 내 뜻대로 나무를 베어 준다면 일하는 게 훨씬 쉽지 않겠어요? 우리가 인공지능과 함께 일을 할 때는 첫째, 기획력이 필요해요. 새로운 아이디어나 구조, 콘셉트를 디자인하는 사람이 필요하지요. 둘째, 대화를 잘 이끌고, 사람들에게 동기를 부여해 목표를 향해 나아가도록 도와주는 사람도 필요해요. 셋째, 일을 하다 보면 사람들이 느끼는 불만이나 문제 등을 잘 해소해 줄 수 있는 사람도 필요하지요.

앞으로 우리는 분명 인공지능과 함께 많은 일을 하게 되겠지요. 하지만 이런 능력만 잘 갖추고 있다면 여러분은 훨씬 편리한 환경에서 더 수월하게 일을 할 수 있을 거예요.

우리 생활을 바꾸어 줄 미래 핵심 기술을 연결해 보세요.

1 사이보그

a 사람의 머리카락보다 훨씬 얇은 초극세사로 만든 옷감이에요. 사람의 체온을 전기로 바꾸어 주는 기술이나 자유롭게 휘어지는 유리 섬유의 개발, 아주 작은 나노 발전기의 개발 등 최첨단 기술과 결합하면서 그 활용 범위는 무궁무진해졌답니다.

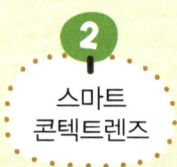

2 스마트 콘텍트렌즈

b 로봇 산업이 발전하면서 사람의 몸에 기계 장치를 직접 부착하기도 하는데, 사람이나 생물체의 몸에 기계 장치를 연결한 사람을 가리켜요. 추위와 더위를 막아 주고 몸을 보호해 주는 기능뿐 아니라 육체적·정신적 능력도 크게 향상시켜 줄 수 있답니다.

3 나노 섬유

c 사진이나 고흐, 피카소 같은 화가의 그림을 주면, 화가의 스타일을 흉내 내 보통 그림을 거장이 그린 것처럼 바꾼답니다.

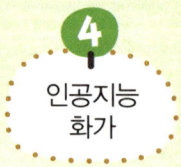

4 인공지능 화가

d 당뇨병 환자들을 위해 콘택트렌즈에 LED 조명, 무선 칩, 포도당 센서 등을 부착하여 자동으로 혈당을 체크해 주는 기술이에요.

정답 ① b ② d ③ a ④ c

IT 3장
로봇 분야

로봇 수리 전문가를 체험하다!

가상체험 슈트를 입고 가상현실 직업 체험을 하다!

유망이는 직업 체험 테마파크 건물 안으로 조심스럽게 들어갔어요.
"환영합니다."
안내 데스크에서 테마파크 유니폼을 입은 여자가 유망이를 보고 인사를 했어요. 유망이도 조심스럽게 고개를 숙이며 인사를 했지요.
"아, 안녕하세요?"
낯선 곳이라 그런지 유망이 행동이 저절로 조심스러워졌어요.
"저는 직업 체험 테마파크 안내를 도와드리는 가이드-봇입니다."
"가이드-봇이라고요?"
설마? 그렇다면 가이드가 사람이 아니라 로봇이란 말인가? 그러고 보니, 가이드가 뭔가 어색했어요. 환하게 웃고 있는 얼굴도 약간 딱딱했고, 말하는 것도 자연스럽지 않았어요.
"그렇습니다. 여기 직업 체험 테마파크 방문은 처음이신가요?"
"네."
"그렇다면 여기 태블릿에 방문자 등록을 해 주세요."
유망이는 가이드-봇이 내민 태블릿에 자기 이름을 적어 넣었어요.
"저희 직업 체험 테마파크는 생생한 정보를 전달하기 위해 가상현실을 제공하고 있답니다. 그래서 모든 방문객에게 VR 슈트(가상체험 슈트)를 입도록 권하고 있습니다."

　유망이는 가이드-봇을 따라 가상체험 방으로 들어가 VR 슈트로 옷을 바꿔 입었어요. 많은 센서들이 부착된 헬멧과 옷을 입자 유망이는 마치 아이언 맨이 된 느낌이었어요.
　"슈트가 잘 어울리시네요. 자, 그럼 지금부터 직업 체험 테마파크 여행을 시작하겠습니다."
　가이드-봇은 유망이가 입고 있는 VR 슈트에 여러 개의 코드를 접속하기 시작했어요.
　"이제 VR 슈트에 장착되어 있는 스위치를 켜면 유망 군은 테마파크의 사이버 공간 속으로 들어갈 겁니다. 실제로 유망 군의 몸은 이곳에 있지만, 마치 저희 테마파크 공간을 이동하는 것처럼 보고 듣고 느낄 수 있을 겁니다."

가이드-봇이 전원에 스위치를 켜면서 말했어요.

"그럼, 즐거운 시간 보내세요."

그러자 어디선가 소리가 들려왔어요.

가상현실 직업 체험 작동 시작하겠습니다.

소리와 동시에 유망이의 몸이 붕 떠올랐어요. 가이드-봇은 물론이고 주변의 모든 물체가 사라지고 새로운 공간이 나타났어요. 사이버 공간 속 집적회로 위에 서 있는 것 같았는데, 마치 빛의 속도로 달려가는 고속도로 위에 서 있는 느낌이었어요.

"으악! 이게 뭐야?"

깜짝 놀란 유망이는 소리를 질렀어요. 겁이 더럭 나기 시작했지요.

그만두고 싶습니까?
언제든지 '멈춰.' 혹은 '그만'이라고 생각하시면 가상현실 작동이 멈춥니다. 작동이 멈추면 머리의 헬멧을 벗어 주세요.

증강현실과 가상현실이란?

증강현실은 우리가 직접 보고 있는 현실의 이미지에 가상의 물체를 겹쳐서 보여주는 기술이에요. 우리 친구들도 스마트폰을 이용해서 QR코드를 찍으면 동영상이 나오거나 모니터 화면상에 가상의 이미지가 뜨는 걸 경험해 본 적이 있을 거예요. 가까운 곳에 있는 약국, 편의점 등을 표시해 주고 관련 정보를 제공해 주기도 하지요. 요즘 유행하는 포켓몬 고 역시 증강현실을 이용한 게임이라 할 수 있어요.

▲ 포켓몬 고 게임

반면 가상현실은 어떤 특별한 환경이나 상황을 컴퓨터로 만들어 놓은 다음, 사용하는 사람이 마치 실제처럼 그 속에서 상호작용을 주고받는 걸 말해요. 지금까지는 대개 머리에 헤드 마운트 디스플레이(HMD)를 쓰고 눈으로 보고 귀로 듣는 수준이었어요. 하지만 미래에는 벌써 온몸으로 체감할 수 있는 가상현실 시스템이 등장했답니다. 바로 옷처럼 입을 수 있는 가상현실 슈트 덕분이지요. 슈트에 부착되어 있는 신경근육 전기 자극은 체험자에게 촉감을 제공한답니다. 그리고 완벽한 체험을 위해 몸을 공중에 띄우죠. 그러면 직접 산을 오르거나 운동장을 달리는 상황을 재현할 수 있어요. 이 시스템을 이용하면 공룡 시대를 경험해 볼 수도 있고, 우주 공간을 가상으로 여행할 수도 있어요.

이러한 기술들 덕분에 경험하기 어려운 환경 속에서도 안전하게 체험하면서 기술을 연습할 수 있어요. 재난 시 대처요령을 배우거나 안전 경험을 쌓을 수도 있지요. 또 비행기를 조종하거나, 수술을 연습해 본다거나 위험한 환경 속에서 실제와 같이 게임을 즐길 수도 있겠지요. 이 분야의 기술은 정부에서 지원하는 미래 혁신 기술 중 하나랍니다.

▲ VR 군사훈련

'멈춰! 멈춰. 멈추라고.'

유망이는 마음속으로 크게 외쳤어요. 그러자 사이버 공간이 사라지고 유망이의 몸도 서서히 땅으로 내려오는 느낌이었어요. 가상공간은 사라지고 VR 룸에 있던 가이드-봇이 고개를 갸웃거리며 유망이에게 물었어요.

"가상현실 체험이 처음이신가요?"

유망이는 겁쟁이마냥 소리를 지른 게 무척이나 부끄러웠어요. 하지만 과거에서 미래로 날아온 유망이로서는 모든 게 너무나도 낯설었고, 그 때문에 무서워하는 건 당연한 일이었지요.

"안내가 부족했군요. 죄송합니다. 가상현실을 처음 체험할 때는 멀미가 날 수 있어요. 하지만 곧 익숙해질 겁니다."

유망이는 얼른 머리에 쓴 VR 헬멧을 벗었어요.

"아니, 내가 궁금한 건……. 그러니까 어떻게 내가 버튼으로 누르지도 않았는데 생각만으로 멈출 수 있지요?"

"아, 그건 뇌-기계 인터페이스 기술 덕분이지요. 앞의 모니터 화면을 보시면 이 테마파크를 설계해 주신 박 박사님께서 설명해 주실 겁니다."

텅 비어 있는 줄 알았던 공간 한 벽면에 스크린이 보였어요. 스크린의 모니터 화면 속에 커다란 휠체어를 탄 사람이 있었지요. 휠체어에는 컴퓨터가 연결되어 있는데, 그 컴퓨터를 통해 말을 하는 듯했어요.

"안녕하세요? 나는 박 박사랍니다. 몸이 불편하여 이렇게 컴퓨터의 도움을 받지요. 뇌-기계 인터페이스는 뇌신경 신호를 컴퓨터가 해석하여 생각만으로 로봇이나 기계를 움직이는 기술이랍니다. 나처럼 몸이 불편한 장애우에게 더욱 필요한 기술이지요. 유망 군의 마음을 허락도 없이 읽었다면 죄송해요. 하지만 어디까지나 이곳 직업 체험 테마파크와 관련된 신호만 읽도록 설계되어 있답니다."

 유망이는 떨떠름한 얼굴로 박 박사를 바라보았어요. 컴퓨터가 마음을 읽는다니 정말 상상도 못 한 일이었지요.

 "불편하시다면 저희 테마파크에서는 가상공간 밖 체험공간도 제공하고 있어요. 그곳으로 가 보시겠습니까?"

 갈등의 순간이었어요. 들어오면서 슬쩍 바라본 체험공간은 시시했거든요. 비행기를 조종하고, 사무실에 앉아 서류 작업을 하는 것을 체험하는 것보다는 가상현실을 느껴 보는 게 더 재미있을 것 같았어요. 하지만 유

미래 유망 직종: 뇌-기계 인터페이스 전문가

컴퓨터나 기계를 움직이려면 키보드나 마우스 또는 작동 스위치 등이 필요해요. 하지만 영화 〈매트릭스〉나 애니메이션 〈공각기동대〉를 보면 뇌와 기계를 직접 연결하여 정보를 받거나 기계를 움직이지요. 컴퓨터와 우리의 뇌 신경을 움직이게 하는 건 둘 다 똑같은 '전기신호'예요. 말하자면 같은 언어를 사용한다는 뜻이지요. 이 점에 주목하여 외부 입력장치 없이 바로 뇌의 기능, 즉 생각만으로 기계를 움직이게 하는 기술이 바로 뇌-기계 인터페이스(Brain-Machine Interface)랍니다.

전신마비 환자들이 생각하는 대로 휠체어를 움직이게 하는 건 초기 단계의 기술이랍니다.

▲ 영화 〈매트릭스〉 포스터 출처: 네이버 영화

이 기술이 더욱 발전하면 다리 근육에 직접 기계장치를 부착하여(사이보그처럼) 움직이게 할 수 있어요. 뇌에 전자 칩을 이식할 수도 있지요. 이 기술을 발전시키면 '영원히 사는 기술'을 얻게 될지도 모른다고 해요. 나의 뇌를 젊은 뇌에 이식하거나 기계에 업로드 할 수 있기 때문이지요. 정말 꿈같은 이야기지요? 하지만 마냥 좋을 수만은 없어요. 이를 통해 인간을 조종하고 통제하여 지배하려는 사람들이 나올 수도 있기 때문이죠.

아직까지는 간단하게 뇌파를 이용하여 컴퓨터 커서를 움직이게 하거나 알파벳을 이용하여 글자를 쓰는 데 성공한 정도이지만 20년 후에는 아주 크게 발전할 산업 분야 중 하나랍니다.

망이의 마음을 읽는다니, 그건 왠지 마음에 들지 않았어요.

유망이는 고개를 흔들었어요.

"아뇨. 그냥 가상현실로 여러 직업을 체험해 볼게요."

모니터 속 박 박사가 빙그레 웃었어요.

"가상현실을 어렵게 생각할 필요는 없어요. 익숙해지면 실제 움직이는 것과 거의 차이가 없을 겁니다. 그럼 즐거운 체험이 되길 바랍니다."

로봇을 수리하는 로봇 수리 전문가

유망이는 애써 불안한 마음을 떨쳐냈어요. 박사의 친절한 설명에 용기를 내어 다시금 헬멧을 썼지요.

'그래, 괜히 움츠러들 필요 없어. 그냥 내 생각대로 움직이면 된다고 하잖아.'

가상현실 직업 체험 작동을 다시 시작하겠습니다.

유망이는 다시금 가상현실 공간 속으로 들어갔어요. 마냥 빛의 속도로 달려가는가 싶더니 갑자기 어느 커다란 모니터 앞에 멈춰 섰어요.

미래 유망 직종: 홀로그래피 전문가

영화에서 보면 빈 허공에 입체 영상을 띄워 놓고 여러 가지 일을 하는 것을 본 적이 있으시죠? 그게 홀로그래피 기술이랍니다. 홀로그래피는 두 개 이상의 빛이 만나면 일으키게 되는 간섭현상을 이용해 입체적으로 정보를 기록하고 재생하는 기술이에요. 처음에는 위조 방지를 위해 지폐나 카드에 홀로그래피 기술을 활용했답니다.

▲ 음성복원 기술과 홀로그래피 기술을 접목시킨 KBS 방송 "감성과학 프로젝트-환생"의 김광섭 홀로그램 공연. 출처: KBS "감성과학프로젝트-환생" 캡처

하지만 오늘날에는 다양한 분야에서 홀로그래피 기술이 사용되고 있어요. 놀이공원에 가면 유명한 인기스타가 홀로그래피로 공연하는 걸 볼 수 있는데, 정확하게 말하면 그건 홀로그래피 기술이 아니에요. 홀로그래피와 유사한 기술이라 할 수 있지요. 이 기술을 이용하면 이미 사망한 연예인이라도 마치 살아 있는 것처럼, 실제인 것처럼 공연을 할 수 있어요.

의료계에서도 홀로그래피 기술을 크게 활용하고 있어요. X선이나 초음파 같은 단층 사진보다는 입체 화상 사진, 즉 홀로그래피 사진을 이용하면 질병의 위치나 크기를 정확하게 진단할 수 있어요.

또 홀로그래피를 이용하여 중요한 문화재를 보존할 수도 있어요. 사진이나 모형으로 보존하던 문화재를 홀로그래피로 기록·보존하는 작업이 한창 진행 중이에요. 미술 공예품뿐 아니라 정원이나 건축물 등에 그 활용도가 더욱 높답니다.

건축, 공업, 게임, 영화 등 영상 장치에서도 홀로그래피 기술에 대한 수요가 커지고 있어요. 우리나라에서는 홀로그래피를 전략산업 중 하나로 지정하여 국가 차원에서 적극적으로 육성하고 있기 때문에 이 분야의 전망은 매우 밝은 편이랍니다.

원하는 직업을 선택해 주세요.

유망이는 눈앞에 펼쳐진 모니터 화면을 주르르 읽어 보았어요. 'AI(인공지능)-로봇 수리 전문기사'에 슬그머니 손가락을 갖다 대자 주변이 바뀌기 시작했어요.

어느새 유망이는 어느 낯선 집 안에 있었어요.

"안녕? 나는 로봇 수리 전문기사로 일하고 있는 박보영이라고 해."

30대 초반의 젊은 아저씨가 유망이에게 손을 내밀었어요. 유망이는 낯선 환경에 얼떨떨했지만 냉큼 손을 잡고 인사를 했어요.

"아, 안녕하세요?"

"내가 너만 했을 때, TV에서 알파고와 이세돌 기사가 바둑을 두었었지. 그걸 보고 난 인공지능과 로봇에 처음으로 관심을 가지게 되었어. 그러다 보니 직업도 로봇을 수리하는 기술자가 되었지."

바로 그때 옆에서 삐리삐리삣- 하면서 로봇이 움직이는 소리가 들렸어요.

[IT · 로봇 분야] 로봇 수리 전문가를 체험하다!

"아, 인사해. 이쪽은 내 로봇 비서, 삐리삐리삣이야."

예전에 영화 〈스타워즈〉에서 보았던 알투디투처럼 생긴 로봇이었어요. 삐리삐리삣이 유망이에게 다가와 말했어요.

"마실 음료를 드릴까요? 삐리삐리삣."

유망이가 고개를 끄덕이자 삐리삐리삣이 음료를 가져다주었어요.

삐리삐리삣이 가져다준 음료를 마시자 목으로 시원한 느낌이 흘러들어 갔어요. 분명 이건 현실세계가 아닌 가상현실인데도, 진짜로 음료를 마시는 듯한 느낌이 들었어요.

"고마워."

"천만에요. 삐리삐리삣."

삐리삐리삣이 대답했어요. 그러는 동안 아저씨가 리모컨을 누르자 집 안 거실이 사무실로 바뀌었어요. 깜짝 놀라는 유망이를 보고 아저씨가 윙크를 했어요.

"홀로그램 인테리어야. 아무래도 일을 하려면 집보다는 사무실이 낫지 않겠어?"

"어, 홀로그램이라고 하면……. 이것도 가짜란 말이에요? 실제는 집인데, 사무실로 보이게 한다는 말인가요?"

"물론이지. 비록 9시 출근 6시 퇴근, 뭐 이런 것은 사라졌지만, 그래도 근무시간은 지켜야지. 또 집에서 일하는 것보다는 사무실에서 일하는 게 집중이 더 잘돼."

유망이에게는 이 모든 일이 마법 같았어요. 아저씨의 움직임이나 말소리 모두 너무나도 현실적이어서, 이 모든 게 가상현실 속 공간이라는 생각은 전혀 들지 않았거든요.

아저씨는 본격적으로 일을 하기 시작했어요. 아저씨가 보고 있는 디스플레이 창에는 오늘 확인해야 할 로봇들의 상태와 업그레이드해야 할 프로그램이 차례차례 나타났어요. 미래사회에서는 어디서든 로봇과 사물인터넷을 쉽게 볼 수 있었어요. 집에 있는 거의 모든 가전제품에는 인공지능 센서(사물인터넷)가 부착되어 있었고, 집안일을 도와주는 가사 도우미 로봇들이 있었어요. 집 안을 돌아다니는 로봇들의 모양과 기능은 모두 다 제각각이었어요.

"이런, 이 로봇은 센서가 망가졌군. 게다가 사물인터넷과 서로 연동되어 있지 않아. 가사도우미 로봇이 TV 리모컨을 냉장고 안에 갖다 놓다니, 말썽이군. 기억회로가 망가진 것 같아."

유망이가 고개를 끄덕이자 아저씨는 자신의 일에 대해 자세히 설명해 주기 시작했어요.

"로봇에 관련된 a/s가 들어오면 그걸 해결해 주는 게 내 일이야. 어떤 회로를 바꿔야 하는지, 어떤 방식으로 교체할 것인지 결정하는 게 중요해. 간단하게 원격조정으로 수리가 가능하면 그렇게 하고, 전반적인 수리가 필요하면 직접 고객의 집을 예약방문하기도 하지."

아저씨는 삐리삐리뼷에게 말했어요.

"방문 날짜를 잡아줘."

"알겠습니다."

아저씨 말이 떨어지자마자, 삐리삐리뼷이 즉시 고객의 홈 네트워크에 접속해 방문예약 날짜를 잡았어요.

"내 일은 로봇 프로그래밍을 모니터링하면서 보완할 사항을 확인하는 일이 주 업무야. 단순한 작업들은 내 비서 로봇이 도와줘."

그러자 유망이가 말했어요.

"어, 그러니까 아픈 로봇들을 치료해 주는 의사 선생님이네요."

"로봇들의 의사? 하하하. 그래, 정말 그런 셈이지."

"그럼 아저씨는 로봇을 만들 수는 없나요?"

"로봇을 만드는 팀은 따로 있어."

"팀이라고요?"

"그럼, 당연하지. 로봇 연구 개발은 혼자서 할 수는 없어. 대개 팀을 이뤄 함께 개발 연구를 하지. 로봇 기능을 프로그래밍하는 프로그래머, 어떤 콘셉트로 디자인할 것인지 결정하는 콘텐츠 개발자, 관련 기술에 대한 정보를 제공하는 엔지니어, 그리고 나처럼 수리를 전문으로 하는 사람이 함께 참여하기도 하지. 직접 실행해 보면 어디가 잘못 작동되는지 우리 로봇 수리 기술자만큼 잘 아는 사람도 드물거든."

아저씨는 삐리삐리뼷을 가리키며 말했어요.

"사실 이 녀석은 우리 로봇 연구 개발팀에서 만들어 낸 비서 로봇이야. 아직 완벽하진 않지만 꽤 쓸 만하거든. 영화 〈스타워즈〉에 나오는 알투디투를 닮았지?"

유망이는 삐리삐리뼷을 보며 고개를 끄덕였어요.

"나처럼 알투디투를 원하는 고객이 많았어. 그래서 콘텐츠 개발자가 삐리삐리뼷을 알투디투처럼 디자인한 거지. 아직 로봇 기술은 농담도 하고 같이 영화도 보는 친구 로봇 수준은 안 되지만, 얼마 지나지 않아 그런 친구 로봇도 곧 나오겠지?"

영화를 보면 누구나 환상 같은 일이 현실에서도 생겼으면 하는데, 그런 꿈같은 생각을 현실로 직접 만드는 사람이 있었다니! 유망이는 아저씨가 정말 대단하다고 생각했어요.

　한참 로봇 수리 기술자 아저씨의 이야기를 듣고 있는데, 어디선가 가이드-봇의 목소리가 들려왔어요.

유망 군. IT · 로봇 분야 체험시간이 얼마 남지 않았습니다. 마무리해 주시기 바랍니다.

　유망이는 아저씨와 헤어지는 게 몹시도 아쉬웠지만 작별 인사를 해야만 했어요. 인사를 하자마자 가상현실이 사라지기 시작했어요. 유망이가 어리둥절할 새도 없이 눈앞이 환해져 왔어요.

가상현실 직업 체험, 로봇 수리 전문기사 작동을 완료했습니다.

　유망이는 VR 헬멧을 벗고 소리쳤어요.
　"우와! 가상현실 체험, 정말 멋져요!"

✯ 디지털 세상을 이끌어 갈 21가지 티핑 포인트 ✯

* 어떤 변화가 일어날 때 서서히 움직이다가 갑자기 한순간에 퍼져 나가는 순간.

1. 인구의 10%가 인터넷에 연결된 의류를 입는다.
2. 인구의 90%가 (광고료로 운영되는) 무한 용량의 무료 저장소를 보유한다.
3. 1조 개의 센서가 인터넷에 연결된다.
4. 최초의 로봇 약사가 등장한다.
5. 10%의 인구가 인터넷이 연결된 안경을 쓴다.
6. 인구의 80%가 인터넷상 디지털 정체성을 갖는다.
7. 3D 프린터로 제작한 자동차가 최초로 생산된다.
8. 인구 조사를 위해 인구센서스 대신 빅데이터를 활용하는 최초의 정부가 등장한다.
9. 상업화된 인체 삽입형 모바일 폰이 등장한다.
10. 소비자 제품 중 5%는 3D 프린터로 제작된다.
11. 인구의 90%가 스마트폰을 사용한다.
12. 인구의 90%가 언제 어디서나 인터넷 접속이 가능하다.
13. 도로에서 달리는 차들 중 10%가 자율주행 자동차이다.
14. 3D 프린터로 제작된 간이 최초로 이식된다.
15. 인공지능이 기업 감사의 30%를 수행한다.
16. 가상거래 디지털 화폐의 거래장부인 블록체인을 통해 세금을 징수하는 최초의 정부가 등장한다.
17. 가정용 기기에 50% 이상의 인터넷 트래픽이 몰리게 된다.
18. 전 세계적으로 자가용보다는 카셰어링을 통한 여행이 많아진다.
19. 5만 명 이상이 살고 있지만 신호등이 하나도 없는 도시가 최초로 등장한다.
20. 전 세계 GDP의 10%가 블록체인 기술에 의해 저장된다.
21. 기업의 이사회에 인공지능 기계가 최초로 등장한다.

자료: 세계경제포럼(WEF),
"거대한 변화–2025년에 발생할 기술의 티핑 포인트와 사회적 영향"

✦ 미래 디지털 시대에는 어떤 능력이 있어야 일을 잘할 수 있을까? ✦

1. 의미 부여: 겉으로 보이는 사실이나 의미, 가치보다는 드러난 사실을 바탕으로 보다 더 새롭고 깊은 의미와 신호를 읽어 내는 능력.
2. 사회 지능: 다른 사람들과 잘 어울리면서 깊게 공감할 수 있는 능력.
3. 새롭게 잘 적응하는 사고: 문제가 생겼을 때 예전 그대로의 방식으로 해법을 찾는 게 아니라 새로운 방식으로 문제를 생각하는 능력.
4. 다문화 역량: 서로 다른 문화를 가진 사람들 속에서 타 문화에 대한 이해와 적응, 또는 관리를 해 줄 수 있는 능력.
5. 컴퓨터적 사고: 판단의 근거는 데이터를 바탕으로 하고, 그 데이터에 숨어 있는 의미를 찾아내는 능력.
6. 뉴미디어 사용 능력: 새롭게 등장하는 뉴미디어를 잘 활용하고, 그에 맞는 새로운 콘텐츠를 만들며, 상대방을 잘 설득할 수 있는 능력.
7. 초학문적 능력: 학문의 경계를 뛰어넘는 다양한 시각으로 콘셉트를 이해하는 능력.
8. 디자인 마인드: 원하는 결과를 얻기 위해 주어진 문제를 풀어나가는 과정을 개발하고 표현하는 능력.
9. 인지적 부하 관리: 중요도에 따라 정보를 판별하고 걸러내는 능력.
10. 가상 협력: 서로의 첨단기술 정보를 공유하여 새로운 기술과 시장을 개척하려는 경우, 목적 달성 후에는 기업 간의 합작 혹은 협력 관계가 해체되는 경우가 많다. 이와 같은 한시적인 관계 속에서 맺는 가상 협력은 서로의 존재감을 잘 드러내 주고, 참여를 잘 이끌어내는 능력.

자료: 미래에 필요한 10가지 중요한 업무 기술, 라이언 젠킨스(Ryan Jenkins)의 글 중에서.

2025년에 기업들이 요구할 능력들

기업들이 생각하는 각 능력에 대한 중요도

조사 대상 기업의 비율(단위: %)

비판적 사고와 분석
문제 해결 능력
자기 관리 능력
업무를 위한 사회성
활동 관리 및 커뮤니케이션
기술 사용 및 개발 능력
핵심 지식
신체적 능력

범례: 중요하지 않다 / 지금 수준이면 된다 / 중요도가 더 늘어날 것이다

2025년에 꼭 필요한 15가지 능력

분석적 사고와 혁신	리더십과 사회적 영향력	감성 지능
적극적 학습 및 학습 전략	기술 사용, 모니터링, 제어	문제 해결, 사용자 경험
복잡한 문제 해결 능력	기술 설계, 프로그래밍	서비스 방향 설정 능력
비판적 사고와 분석 능력	탄력성, 스트레스 내성, 유연성	시스템 분석과 평가 능력
창의성, 독창성, 주도권	추론, 문제 해결, 관념	설득과 협상 능력

자료: Future of Jobs Survey, WEF(2020)

토론왕 되기!

 서비스 로봇이 보편화되면 미래 직업은 어떻게 바뀔까?

18세기 중반 증기기관이 발명되자 농업 중심이던 사회가 공업 중심으로 바뀌었어요. 19세기에는 전기, 화학기술의 발전으로 대량생산이 가능해졌습니다. 20세기에는 컴퓨터와 인터넷이 이끈 정보화의 물결이 우리 삶을 바꾸어 놓았어요. 증기기관의 1차 산업혁명, 대량생산의 2차 산업혁명, 인터넷의 3차 산업혁명에 이어 4차 산업혁명을 이끄는 것은 인공지능과 로봇이라고 합니다. 알파고의 영향으로 우리나라에서도 인공지능이 장착된 로봇들의 연구 개발이 빠른 속도로 이뤄지고 있지요.
특히나 요즘은 마치 진짜 사람과 이야기하는 것 같은 챗봇의 등장으로 서비스 업종에서 로봇에 대한 수요가 크게 늘어나고 있어요. 챗봇은 자연스럽게 대화를 주고받을 수 있는 인공지능 서비스지요. '맛있는 스파게티 먹고 싶어'라고 사람에게 말을 거는 것처럼 이야기하면 근처의 음식점을 예약해 주고, 여행을 간다면 적당한 호텔을 미리 예약해 주기도 합니다. 또 변호사를 통하지 않고도 간단한 법률 상담을 챗봇이 해 줄 수도 있어요.
공장에서 단순한 일만 하던 로봇이 집 안을 청소하고, 노인을 돌보고, 아이들의 학습을 도와주며, 여행 가이드를 하는 건 지금 우리 주변에서도 어렵지 않게 볼 수 있어요.

▲ 인공지능 메신저 구글 앱 알로 화면

이러한 서비스 로봇의 등장으로 제조업이나 서비스 분야에서는 일자리가 분명 줄어들고 있어요.

과거의 산업혁명처럼 인공지능이 장착된 로봇의 등장으로 일하는 모습도 바뀌고 있지요. 현재 일본에서는 31만 개가 넘는 로봇이 다양한 분야에서 일하고 있어요. 호텔에서 일하는 직원 모두가 로봇인 로봇 호텔도 있답니다. 호텔 이용객들의 만족도도 매우 높아요. 우리나라에서도 14만 개의 로봇이 일을 하고 있어요. 하지만 대개 제조용 로봇이 많아 개인 서비스용 로봇에 대한 수요가 급격히 많아지고 있어요. 물론 이 때문에 일자리에 대한 불안도 커지고 있지요.

옛날 산업혁명 때는 일자리에 대한 불안으로 기계를 파괴하는 운동이 일어나기도 했어요. 하지만 기계의 도입을 막지는 못했지요. 오늘날 서비스 로봇의 등장도 마찬가지랍니다. 새로운 기술은 기존의 일자리를 없애는 동시에 새로운 일자리를 만드는 역할도 하지요. 오히려 생산성이 좋아져서 여가를 더 여유롭게 즐길 수도 있어요. 여가를 잘 보내기 위한 새로운 일자리도 생겨나겠지요.

한국 직업능력개발원에 따르면 미래에 등장할 새로운 직업 중 서비스 업종에서는 노년기의 삶을 행복하게 해 주는 분야와 여가에 대한 서비스 요구가 높았어요. 새롭게 등장한 서비스 업종을 보면 노년기의 삶을 행복하게 꾸릴 수 있도록 도와주는 노년 플래너, 사이버 평판 관리자, 가정 에코 컨설턴트, 애완동물 행동 상담원, 파티 플래너, 생활 코치, 여행 코디네이터, 분쟁 조정가, 디지털 장의사 등이 있었습니다.

미래 직업에 어떤 변화가 생겨날 것 같나요? 로봇의 등장으로 우리들의 일자리가 줄어들지 않을까요? 부모님 또는 친구와 이야기해 보세요.

다음 중 서비스 로봇으로 인해 가까운 미래에 사라질 확률이 높은 직업이 아닌 것은?

1. 요리사 
2. 호텔리어 
3. 경비원 
4. 화가 
5. 통역사

정답 ④

화가는 예술 활동을 하는 직업이다. 단순 작업이나 규정이 정해진 직업은 로봇으로 대체될 가능성이 크지만 미래에도 예술 활동은 남을 것이다.

의료 복지 3D 프린팅 분야

4장

🍩 환자를 진료하고 3D 프린터로 만든 피자를 먹다! 🍩

인공지능으로 환자를 진료할 수 있다고?

　유망이는 가이드-봇의 안내에 따라 체험 테마파크 2층으로 올라갔어요. 2층으로 올라가는 계단은 달팽이처럼 둥글게 이어져 있었어요. 2층은 의료와 복지 분야의 직업을 체험할 수 있는 공간이었는데, 1층과 마찬가지로 안내데스크가 있었어요. 안내데스크 뒤편에는 커다란 LED 표지판이 있었어요.

　이제 의업에 종사할 허락을 받으매 나의 생애를 인류 봉사에 바칠 것을 엄숙히 서약하노라.　　　　　　　　　- 의학의 아버지 히포크라테스

　반짝반짝 빛나는 글자가 경건하게 느껴졌어요. 하긴 사람의 목숨을 다루는 분야인 만큼 직업을 받아들이는 마음도 더욱 남다를 것 같았어요.
　안내데스크의 가이드-봇이 모니터를 가리켰어요.
　"이곳 2층 의료 복지관에서는 직접 직업 체험을 해 볼 수 있답니다."
　유망이는 고개를 끄덕이며 모니터를 바라보았어요.
　"어디 보자, 이번에는 어떤 직업을 체험해 볼까?"
　모니터에는 직업이 너무 많이 나열돼 있었어요. 이름조차 처음 들어보는 직업도 있었지요. 그야말로 눈앞이 뱅글뱅글 돌 지경이었어요.
　"의료 복지에 관련된 직업이 왜 이렇게 많아요?"

"의료 분야야말로 최첨단 산업 중 하나지요. 요즘 모든 직업이 다 그러하지만 특히 의료 분야는 IT-로봇 분야, 바이오-과학 분야와 연결되어 그 경계가 점차 사라지고 있어서 그렇답니다."

잠시 망설이던 유망이는 '주치의'를 터치했어요. 그래도 뭔가 익숙한 게 낫지 싶었어요.

"그래, 의사가 좋겠어! 엄마는 병원에 갔다 오기만 하면 늘 그러잖아. '우리 유망이도 의사가 되면 참 좋겠다. 아픈 사람도 고쳐주고, 얼마나 좋은 일이니'라고 말야."

가이드-봇이 말했어요.

"주치의를 선택하셨군요. 체험지수 성적이 높으면 맛있는 간식 쿠폰이 발행됩니다. 그럼 1번 방으로 들어가세요."

'간식 쿠폰이라고? 더 열심히 잘해야겠는걸.'

유망이는 가이드-봇이 건네주는 의사 가운을 입고 1번 방 문을 열었어요.

1번 방은 작은 진료실이었어요. 방 안에 있던 또 다른 로봇, 간호 로봇이 유망이를 보고 인사를 했어요.

"의사 선생님, 어서 오세요. 곧바로 진료 시작하시겠습니까?"

유망이는 얼떨결에 고개를 끄덕였어요. 그러고는 곧바로 의사 진료 책상 뒤, 폭신해 보이는 의자에 앉았지요. 간호 로봇이 말했어요.

"이번 환자는 김점순입니다. 나이 35세. 성별 여자. 눈에 통증을 호소하여 병원을 찾았습니다."

진료실 문이 열리더니 한 아줌마가 눈을 손수건으로 가린 채 끙끙대면서 들어왔어요. 유망이는 겁이 덜컥 났지요.

'어? 나는 진짜 의사가 아닌데, 잘못 치료하면 어떡하지?'

하지만 걱정도 잠시, 유망이는 곧 정신을 차렸어요.

'어차피 저 환자도 진짜가 아니잖아. 홀로그래피니까. 다행이다.'

유망이는 생긋 웃었어요.

"어서 오세요, 눈이 불편하시다고요?"

유망이는 예전에 감기에 걸려 병원에 갔을 때 의사의 모습을 생각해 내고는 그럴듯하게 말을 걸었어요.

"네, 의사 선생님. 눈이 많이 아프네요."

"어디 볼까요?"

미래의 의료 복지 관련 직업에는 어떤 것이 있을까?

- **텔레 의사** 로봇을 이용해서 원거리 수술이나 진료를 진행하는 의사
- **나노 메딕** 진단 시스템, 치료 모니터링 솔루션 설계를 모두 나노 수준에서 작업하고 의료 수술을 하는 의사
- **바이오 공장 의사, 전략가, 개발자** 인간의 피부, 조직, 혈관 등을 프린팅하거나 대량 생산할 수 있도록 프로그램화하고 관련 바이오 물질을 개발 및 디자인하는 전문가
- **DNA 과학자** 서로 일치하는 DNA를 배양을 통해 프린팅할 수 있도록 연구하는 유전 공학자
- **유전자 치료 전문가** 유전자 시퀀서(설정된 순서에 따라 기계의 작동을 자동 제어하는 순차제어 장치)를 바이오 프린터로 작동시키고 유전공학적으로 문제가 발생하지 않도록 점검하는 전문가
- **치료 관리자** 바이오 프린터로 만들어진 장기나 인공피부 등을 보관하고 치료 직전까지 오염되지 않도록 운송·관리하는 사람
- **노화 전문가** 고령화 사회에서 개인의 가족 관계, 금융, 보험 관리 등 필요한 모든 것을 조언해 주는 전문가
- **상황치료사** 현대인의 우울증이나 각종 질병, 치매 등을 대비해, 적절한 운동을 통해 상황을 개선시키는 치료사
- **건강 내비게이터** 건강 모니터링 기기나 센서 칩 작동방법을 사람들에게 가르쳐 주고 필요한 약이나 장비를 사용하는 방법을 제시하는 전문가

아줌마가 눈에서 손을 떼자 새빨간 눈이 드러났어요. 유망이는 책상 위에 있는 작은 손전등으로 아줌마 눈을 살펴보았어요. 그러자 아줌마가 고개를 돌리며 눈을 감았어요.

"빛을 비추면 눈을 뜰 수가 없어요."

아줌마의 말에 유망이는 잽싸게 손전등을 내려놓았어요.

"아, 네. 그렇군요."

"눈에 염증도 있고요. 약간 어른어른거리는 것 같아요."

유망이는 잠시 생각에 잠겼어요. 그때 책상 위에 있는 컴퓨터에서 소리가 들렸어요.

"증상을 입력해 주세요."

컴퓨터 모니터에는 의사들의 파트너 인공지능 진료 프로그램인 '닥터-왓슨'이 깔려 있었어요. 유망이는 닥터-왓슨이 알려준 대로 환자의 증상을 입력했어요.

'눈에 통증, 염증 및 충혈. 빛을 잘 못 봄.'

그러자 모니터에 '눈곱이 끼나요?'라는 자막이 떴어요. 유망이는 환자에게 조심스럽게 물었어요.

"음, 눈곱이 자주 끼시나요?"

아줌마가 고개를 흔들었어요.

"아뇨, 눈곱은 안 끼는 것 같아요."

유망이는 닥터-왓슨 프로그램에 '눈곱은 없음'이라고 입력했어요.

 **의료기기로 사용하고 있는 로봇**

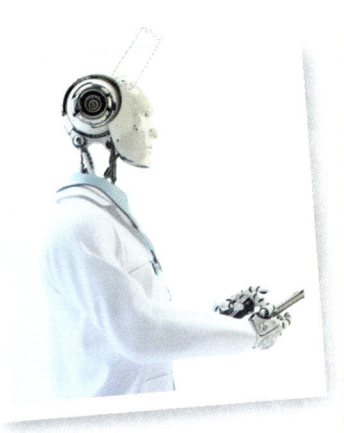

1) **수술 로봇** 수술의 전 과정이나 일부를 의사와 함께, 또는 대신해서 함께 작업하는 로봇
2) **수술 시뮬레이터** 가상 그래픽, 햅틱(촉각) 장치* 등을 활용한 수술 연습로봇
3) **재활 로봇** 노인과 장애인 등의 재활치료 및 일상생활을 돕는 로봇
4) **기타 의료 로봇** 진단 로봇, 간호 로봇, 안내 로봇, 원격진료 로봇 등

출처: 지능형 로봇 표준포럼 의료로봇 분과위원회 발표자료.

* **햅틱 장치**: 키보드, 마우스, 조이스틱, 터치스크린을 통해 힘과 운동감을 촉감으로 느끼게 해 주는 기술.

 그러자 모니터에 곧 '포도막염일 확률 95%'라는 메시지가 떴어요. 그리고 포도막염에 대해 설명하는 배너가 떴지요. 포도막염은 눈을 감싸고 있는 얇은 세 개의 막 중에서 가운데에 있는 막에 염증이 생긴 거라고 했어요. 생긴 게 포도껍질 같다고 해서 포도막이라고 불린다는 거예요.
 '와, 정말 쉽고 좋구나. 나처럼 아무것도 모르는 사람도 의사 흉내를 낼 수 있겠는걸.'

하지만 인공지능 닥터-왓슨은 유망이의 생각을 뛰어넘었어요. 환자의 과거 진료 내역을 살펴보고, 가족 중에 같은 질병에 걸려 치료를 받은 사람이 있는지에 대해 살펴보라고 조언까지 해 주는 게 아니겠어요? 또 환자의 과거 진료 차트를 파악해서 처방할 약에 대한 알레르기 증상이 있는지에 대해서도 알려주었어요. 혹시나 의사가 놓칠 수 있는 증상을 확인해 주고, 해당 질병에 대한 최신 치료방법과 관련된 논문도 검색이 가능했지요.

그러나 의료 지식이 전혀 없는 유망이에게는 무리였어요. 아무리 슈퍼컴퓨터가 옆에 있어도 환자를 진료한다는 게 덜컥 겁이 났지요. 진료 완료 버튼을 누르자, 처방전이 나왔어요.

"포도막염입니다. 진료 끝!"

그러자 홀로그래피 환자가 사라졌어요. 간호 로봇이 말했어요.

"원격진료 신청이 들어와 있는데, 지금 보시겠습니까?"

"원격진료?"

갈수록 산 넘어 산이었어요. 어떻게 할까 미처 선택도 하지 못했는데, 벌써 책상 위 모니터에서는 또 다른 환자가 유망이를 기다리고 있었어요. 이번에는 저 멀리 떨어진 섬에 사는 80대 할아버지였어요. 할아버지가 집에 있는 컴퓨터로 유망이에게 원격진료를 신청한 거예요.

모니터 속 할아버지가 말을 했어요.

"의사 선생님, 요새 제 무릎이 영 말을 안 듣네요."

유망이는 눈앞이 아득했어요.

'아~ 이번에는 어떡하면 좋지?'

하지만 유망이에게는 최고의 도우미, 닥터-왓슨이 있어서 큰 어려움은 없었어요.

"할아버지, 스마트폰 가지고 계시죠?"

"암, 내 손에 있지."

"그 스마트폰에 할아버지의 건강 데이터를 관리하는 앱이 있을 거예요. 앱에 저장되어 있는 건강 데이터를 저에게 전송해 주세요. 그게 있어야 제가 정확하게 할아버지께 도움을 드릴 수 있어요."

"에궁. 참, 그렇지. 매번 내 건강 데이터를 보내는 걸 까먹네."

[의료 복지 · 3D 프린팅 분야] 환자를 진료하고 3D 프린터로 만든 피자를 먹다!

할아버지는 자신의 스마트폰에 깔려 있는 건강관리 앱의 자료들을 닥터-왓슨에게 전송했어요. 그러자 닥터-왓슨 모니터에 지난 한 달간 할아버지의 운동 횟수, 수면 패턴, 호흡 패턴, 얼굴 표정, 심장 박동의 변화, 얼굴 표정과 목소리 상태까지 그래프로 나타났어요. '운동 횟수가 모자람'에 빨간 밑줄이 그어져 있었죠. 그 외에는 모두 '건강상태 양호함'이라고 표시되어 있었어요.

유망이는 자신감이 생겨, 모니터 속 할아버지를 보고 싱긋 웃었어요.
"요새 할아버지 무릎 아프다고, 잘 걷지 않고 집 안에만 계셨나 봐요."
"과연 내 주치의구먼. 어떻게 그걸 다 알지? 귀신이구먼."
"뭘요. 이게 다 닥터-왓슨 덕분이죠."

유망이는 닥터-왓슨 덕분에 이번에도 그럭저럭 할아버지의 무릎을 진단할 수 있었어요. 할아버지는 무릎 관절이 많이 닳아 인공관절 수술을 받아야 했지만 수술 받는 것을 거절하셨어요. 자기 몸에 인공물질을 넣는 걸 싫어하시는 데다, 수술을 사람이 아니라 로봇이 한다는 말에 고개를 흔드셨죠. 자신이 사이보그가 되는 것 같아 수술은 절대 안 된다고 하셨어요.

'아, 진짜 난감해. 미래에는 로봇들이 더 정확하고 안전하게 수술한단 말이야. 로봇 수술을 안 한다고 하시면 어떡하지?'

아무리 가상의 환자라지만 할아버지에게 그런 말을 할 수는 없었어요. 유망이는 혼자 끙끙대다가 조심스럽게 물었어요.
"저……. 그럼 '가정방문 건강 관리사'를 보내 드릴까요?"

"응, 난 우리 집에 낯선 사람 오는 거 싫은데."

"하지만 할아버지 무릎은 치료받아야 해요. 그럼, '음악 치료사'나 '자연요법 치료사'에게 원격진료를 받아 보는 건 어떠세요?"

할아버지는 잠시 생각하는 듯했어요.

"그건 다시 한 번 생각해 볼게. 오늘은 그냥 무릎 안 아프게 하는 약이나 주이소. 내가 살면 몇 년을 더 살겠어? 의사 양반. 그냥 남은 생애 잘 버틸 수 있게 해 주면 좋겠어."

할아버지의 말에 닥터-왁슨이 즉시 처방전을 모니터에 띄웠어요.

'휴, 살았다.'

유망이는 속으로 안도의 한숨을 내쉬며 말했어요.

"그럼 약을 보내 드릴게요. 하루 세 번 꼬박꼬박 잘 챙겨 드셔야 해요."

모니터 속 할아버지가 환하게 웃었어요.

"암, 그건 걱정 마소."

잠시 후 닥터-왁슨이 유망이에게 보내는 메시지가 떴어요. 유망이는 메시지를 가볍게 터치했어요.

처방된 약이 환자가 거주하는 장소에 없습니다. 약국에 설치된 3D 나노-프린터가 약을 조제할 수 있도록 의료용 백신을 이메일로 전송해 주세요.

유망이는 다시금 할아버지에게 물었어요.

"할아버지가 계신 섬의 약국에는 방금 처방한 약이 없다고 하네요. 제가 약국에 처방전과 의료용 백신을 보내드렸거든요. 3시간 후에 약국에서 드론으로 할아버지 댁까지 약을 배달시켜 달라고 할까요?"

"신경 써 주어서 고맙구먼, 의사 선생. 말만 들어도 무릎이 다 나은 듯하네. 그럼 다음에 또 보자고."

할아버지가 모니터 화면에서 사라졌어요. 딱히 치료해 준 것도 없는데, 고맙다는 말에 유망이는 가슴이 벅찼어요. 진짜 의사가 된 것만 같았지요. 유망이는 저도 모르게 빙그레 웃으며 드론 배달을 클릭했어요. 처방된 약은 잘 포장되어 할아버지가 살고 계신 곳으로 곧장 배달될 거예요.

그러자 '파라라빰빠~' 하고 효과음이 울렸어요.

"축하합니다. 유망 군의 의사 체험 점수 90점입니다."

의료 복지 분야 직업 보고서

국민소득이 증가하고 저출산, 고령화, 첨단 의료기술이 발전함에 따라 의료 서비스 산업에 대한 수요가 계속 늘어나고 있습니다. IT, 나노, 바이오, 유전자, 로봇 등 미래 기술이 결합된 의료 산업은 점점 전문화되어 가고 있을 뿐 아니라 음식과 레저, 건강과 여행, 환경 등으로 영역을 넓혀 새로운 생명산업으로 발전하고 있습니다. 정부에서도 의료 산업을 미래 신성장 동력산업으로 인식하고 많은 투자를 하고 있을 뿐 아니라 점점 글로벌화되고 있는 추세에 맞추어 관련 산업을 적극 육성하고 있답니다. 이에 따라 우리나라를 방문하는 환자를 위한 의료관광 산업도 점점 확장되고 있는 추세입니다. 의료 서비스에 대한 소비자의 요구가 점점 증가함에 따라 물리치료사, 언어치료사 등 전통적인 의료 치료사 외에도 음악, 미술, 드라마 치료사 등이 새로 증가하고 있는 추세입니다.

유망이는 닥터 체험을 성공적으로 끝낸 거예요.
진료실 체험 방을 나오자 안내데스크의 가이드-봇이 말했어요.
"직업 체험을 하고 난 소감을 기록해 주시겠습니까?"
평소 같으면 귀찮아서 절대 적지 않았을 거예요. 하지만 왠지 모르게 의기양양해진 유망이는 가이드-봇이 건네주는 태블릿을 받았어요. 그러고는 자신의 느낌을 입력하기 시작했죠.

의사는 환자의 질병만 고쳐주는 게 아니었다. 물론 닥터 로봇이 많이 도와줘 무척 좋았지만 환자의 이야기에 귀 기울여 주는 것도 중요한 역할이라는 생각이 들었다.

"의료 복지 분야 전망 보고서를 드릴까요?"
유망이는 뿌듯한 마음으로 가이드-봇이 건네준 미래 직종 '의료 복지' 산업에 대한 보고서를 훑어보았어요.

 ## 3D 프린터가 만들어 준 피자

유망이는 쿠폰을 들고 테마파크 안에 있는 카페테리아로 달려갔어요. 의료 복지 체험관에서 받은 쿠폰은 이곳에서 피자나 햄버거, 음료로 교환할 수 있었지요. 카페테리아에서 유망이 또래로 보이는 아이들이 혼자, 또는 삼삼오오 모여 피자나 햄버거를 먹고 있었어요.

"아, 배고파!"

간식을 먹고 있는 또래 친구들을 보자 유망이는 배가 더 고파 왔어요.

무엇을 먹을까 하면서 주변을 둘러보던 유망이는 깜짝 놀랐어요. 카페테리아 운영 역시 로봇이 하고 있었지만, 그 때문에 놀란 게 아니었어요. 로봇이 인간을 대신해 서비스를 하는 것에 어느 정도 익숙해져 있었거든요. 유망이가 놀라서 입이 쩍 벌어진 건 테이블마다 놓여 있는 커다란 푸드 제조기, 3D 프린터 때문이었어요. 마치 프린터가 종이를 복사하듯이 푸드 제조기에서 음식이 뚝딱뚝딱 만들어져 나오지 않겠어요?

"헉, 가루를 가지고 음식을 만들어 내다니!"

물론 밀가루, 소시지 가루, 양파 가루 등 모두 먹을 수 있는 것이었지만, 신선한 야채가 아니라 가루로 된 음식 재료로 그럴싸한 음식이 조리되다니, 믿을 수가 없었어요. 하지만 유망이 코를 자극하는 냄새는 정말 맛있게 느껴졌어요.

"섣부른 판단은 금물이야. 제법 먹을 만할지도 몰라."

유망이는 비어 있는 테이블에 앉았어요. 테이블 위에 쿠폰을 놓자, 메뉴를 선택하는 화면이 나타났어요. 테이블이 곧 메뉴판이었고, 주문대였던 거예요. 유망이는 콜라와 피자를 주문했어요. 그러자 테이블에 피자 모형이 나타나 원하는 재료를 직접 토핑할 수 있었어요.

"치즈는 듬뿍, 양파는 싫으니까 빼고. 소시지도 많이 넣어야지. 피망을 올려 볼까?"

유망이는 자신이 먹을 피자에 토핑할 재료를 선택한 후 주문을 클릭했어요. 그러자 테이블 옆에 부착된 3D 프린터가 찌이잉, 지이잉 소리를 내며 작동하기 시작했어요. 접시 위에 층층이 쌓인 하얀 밀가루가 어느새 반죽이 되고, 그 위에 소스가 발라지더니, 유망이가 토핑으로 선택했던 치즈와 소시지, 피망들이 쌓여 가기 시작했어요.

"우와, 진짜 신기하다!"

10여 분도 채 되지 않아 맛있는 피자가 완성됐어요. 유망이는 반신반의하는 마음으로 피자를 한 입 베어 물었지요.

"맛있다!"

맛있는 피자 덕분에 기분이 좋아진 유망이 입꼬리가 저절로 올라갔어요.

3D 프린터로 집과 자동차를 만들다!

3D 프린팅이란 컴퓨터 화면의 모든 내용을 프린터가 종이에 프린트하듯이, 3D 프린터가 컴퓨터로 디자인한 것을 3차원(입체)으로 출력해 내는 기술이에요. 재료는 인쇄 잉크가 아니라 당연히 금속 분말이나 플라스틱 등이 쓰이겠지요. 2015년 1월에 미국과 중국에서는 3D 프린터로 자동차와 집을 만들어 세상에 공개하기도 했어요.

▲ 충남 우정 공무원 교육원 '무한 상상실'

3D 프린팅은 제조업 전 분야에서 적용이 가능하지만, 특히 의료 분야에서 가장 활발하게 이용되고 있어요. 우리나라도 '3D 프린팅을 기반으로 하는 융·복합 의료기기 개발' 사업에 많은 투자를 하고 있어요. 인공관절이나 환자 맞춤형 인공피부뿐 아니라 의료기기 부품, 인체 모형, 피부 조직, 장기 재생 등에 이르기까지 그 활용도가 무궁무진해요.

현재 전국의 '무한 상상실'에서 3D 프린팅을 통해 물건이 만들어지는 과정을 직접 볼 수 있어요. 미리 예약을 하면 내가 원하는 장난감, 애니메이션에 나오는 피규어, 생활용품을 실제로 만들어 봄으로써 성큼 다가온 미래를 체험해 볼 수 있지요. 다만 모든 무한 상상실에 3D 프린터가 있는 것은 아니므로 홈페이지(ideaall.net)에서 예약할 때 먼저 확인을 해봐야 해요.

관련 유망 직종 건축재료 디자이너, 구조 엔지니어, 사이트 플래너, 설치팀, 건물 해체팀, 정리팀, 3D 잉크 개발자, 3D 프린터 소재전문가, 설계 엔지니어, 3D 푸드프린터 요리사, 3D 프린터 유지보수 관리사 등 유망이는 콜라도 벌컥벌컥 마셨어요. 한참을 돌아다녀서 그런지 제법 목도 말랐어요. 배를 채운 유망이는 벽면에 부착되어 있는 직업체험관 지도를 바라보았어요.

"음, 이제 경제·경영관과 환경에너지관이 남았네. 이제 어디로 먼저 가 볼까?"

혼자 중얼거리는 유망이의 말소리를 듣고 테이블을 정리하던 도우미 로봇이 대꾸를 했어요.

"다른 친구들은 어떤 체험을 했는지 빅데이터로 알아보시겠습니까?"

"빅데이터라고요?"

"네, 해마다 저희 직업 체험 테마파크 관람 인원은 수천 명이 넘습니다. 관람객들은 모두 체험하는 순서가 다르지만 빅데이터를 이용하면 가장 선호하는 관람 방식을 알 수 있습니다. 저희 테마파크에서는 관람객들의 편의를 위하여 어떤 체험을 가장 좋아하는지, 관람 순서는 어떤지 등을 모두 파악해서 최대한의 만족을 드리기 위해 노력하고 있답니다."

"그 빅데이터라는 걸 볼 수 있을까요?"

"물론이지요."

[의료 복지 · 3D 프린팅 분야] 환자를 진료하고 3D 프린터로 만든 피자를 먹다!

도우미 로봇이 보여주는 데이터에는 관람객들의 선호도와 이동 경로가 표시되어 있었어요. 혼자 온 경우와 가족 단위로 왔는지, 단체로 방문했는지, 또 나이별, 성별, 성격별, 지역별로도 세분화하여 분석하고 있었지요.

> **관람객들이 선호하는 직업 체험 테마파크 관람 순서**
>
> 야외 공연 관람 ⇨ 생활·여가 체험관(증강현실) ⇨ IT·로봇 체험관 ⇨ 의료 복지 체험관 ⇨ 카페테리아에서 휴식 ⇨ 경제·경영 체험관 ⇨ 환경 에너지 체험관

"헐, 내가 움직인 방향이랑 똑같잖아!"
"그렇지요? 대개 자신은 특별하다고 느끼지만, 통계에서 크게 벗어나지 못한답니다. 관람객들이 스스로 인지하지 못한 행동 패턴까지 파악하는 건 저희들의 역할이지요. 관람객들이 편리함과 만족감을 느낀다면 저희로서는 기쁠 따름이랍니다."

도우미 로봇은 기쁠지 모르지만 유망이로서는 마음이 불편했어요.
'나도 모르는 내 행동의 패턴을 파악한다고?'
마치 속을 들킨 기분이었어요. 도대체 미래 사회에서는 어떻게 사람들의 숨겨진 행동이나 심리마저 속속들이 파악하는 걸까요? 유망이는 세상이 어떻게 돌아가는지 더욱 궁금해졌어요.

빅데이터로 모든 것을 판단한다

사람들은 PC와 인터넷, 모바일 기기를 통해 검색을 하고 댓글을 달며, 사진과 영상을 올립니다. 수많은 공공건물과 도로도 CCTV로 촬영되고 있지요. 우리의 일상생활이 빠짐없이 데이터로 저장되고 있어요. 이런 디지털 환경에서 생성되는 수많은 데이터가 빅데이터가 되지요. 어떤 물건이 잘 팔릴지, 사람들의 관심을 끌 수 있는지 모두 빅데이터로 파악할 수 있어요. 심지어 관련 검색어를 빅데이터로 분석해서 선거 결과를 정확하게 예측하기도 해요. 기업에서는 이런 빅데이터를 활용해서 정보를 분석하고 의사 판단을 하는 기준으로 삼고 있어요. 금융, 보험업계에서는 이미 빅데이터를 활용해서 많은 이익을 보고 있지요.

빅데이터의 활용성은 점점 커지고 있는데 전문 인력은 부족한 상황이랍니다. 또한 관련 정보를 지키려는 사생활 침해 문제, 보안, 지적 재산권을 해결해 줄 수 있는 새로운 전문가도 새롭게 대두되고 있습니다.

관련 유망 직종 신종데이터 과학자, 쓰레기데이터 관리자, 데이터 모델러, 데이터 인터페이스 숙련자, 컴퓨터 개성 디자이너, 스마트 콘택트 앱 개발자 등

우리에게 다가온 가까운 미래!

유전자 검사, 미래에 걸릴 질병을 예방하다

우리에게도 익숙한 영화배우 안젤리나 졸리의 어머니는 암으로 7년 가까이 투병하다가 56세에 세상을 떠났다고 합니다. 가까운 가족 중에 암에 걸린 사람이 있다면 본인도 암에 걸릴 확률이 매우 높아요. 안젤리나 졸리의 주치의는 그녀에게 유전자 검사를 받도록 권했고, 그 검사에서 BRCA 유전자의 변이가 발견되었다고 해요. BRCA 유전자는 다른 유전자에 문제가 생겼을 때 문제가 생긴 유전자를 치료하는 유전자랍니다. 그런데 이 치료 유전자에 돌연변이가 발생하면 암에 걸릴 확률이 확 높아진답니다. 안젤리나 졸리가 유방암에 걸릴 확률은 87%, 난소암에 걸릴 확률은 50%였다고 해요. 그래서 그녀는 비록 당시에는 암에 걸려 있지 않았지만, 예방 차원에서 유방절제술과 난소절제술을 받았다고 합니다.

뇌종양 치료 및 암 치료에 획기적인 나노항암제

오랫동안 인류를 괴롭혀 온 암! 암세포를 파괴하는 치료제를 만들어도 부작용이 많았답니다. 하지만 이런 문제는 곧 해결될 듯해요. 암을 획기적으로 치료해 줄 기술은 바로 '나노 기술'이에요. 나노(nano)란 10억 분의 1을 나타내는 아주 작은 단위랍니다. 예일대학의 마크 잘츠만 교수가 이끄는 연구팀은 치료용 나노 입자를 작은 튜브형 기구에 담고 뇌에 직접 넣은 후 뇌종양에 항암제를 투여하는 방법을 개발했어요. 또 비바이러스성 나노 입자를 바이러스처럼 활동하게 하면서 암세포에 주입해 암세포를 죽이는 치료법을 발견했다고 합니다. 사우스햄튼 대학의 연구진은 암 종양에 공급되는 혈액을 차단하는 스마트 나노 물질을 개발하는 데 성공했답니다. 혈액 공급이 차단된 뇌세포는 죽게 되겠지요. 이외에도 여러 나노 기술을 이용하여 주변 세포에는 아무런 손상 없이 암세포만 죽이는 치료법들이 세계 곳곳에서 활발하게 연구 중이랍니다.

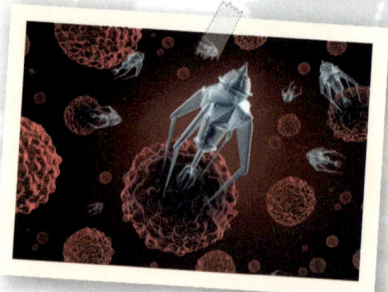
▲ 나노 로봇이 질병을 치료하기 위해 혈관 속에 들어가 바이러스를 죽이는 상상도

이미 스마트폰이 여러분의 건강을 관리하고 있다!

- **렌즈 부착**: 백내장 검사 등 안과 검진
- **녹음기(목소리에서 감정을 읽음)**: 자주 사용하는 단어, 목소리 톤, 억양을 분석하여 우울증 진단
- **마이크(디지털 청진기)**: 폐활량 측정
- **헬스 케어 관련 각종 앱**: 움직임 감지 및 근육 강직 상태, 근육의 떨림, 운동장애 및 활동량, 수면 모니터링, 심전도, 혈당 및 혈압 측정

미래 의료 산업의 4가지 혁신(리로이 후드의 4P-medicine)

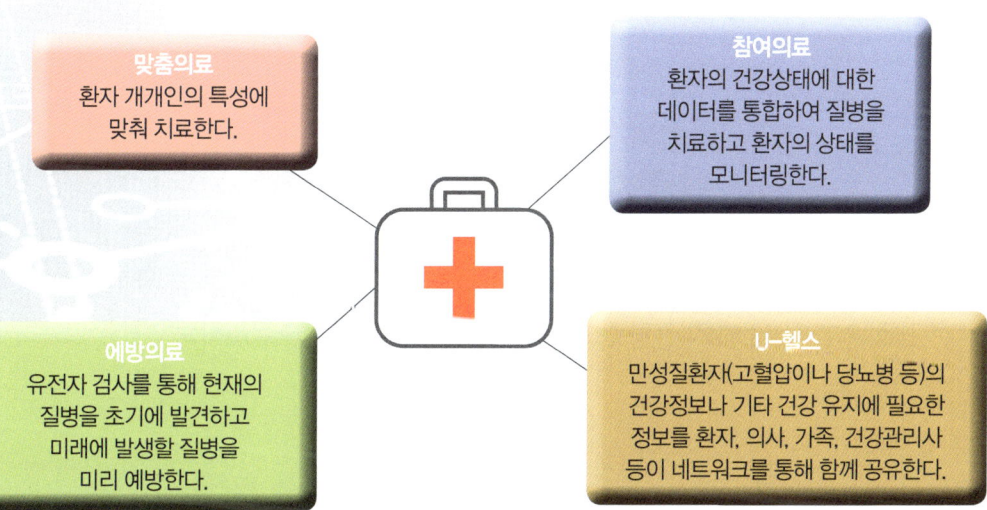

- **맞춤의료**: 환자 개개인의 특성에 맞춰 치료한다.
- **참여의료**: 환자의 건강상태에 대한 데이터를 통합하여 질병을 치료하고 환자의 상태를 모니터링한다.
- **예방의료**: 유전자 검사를 통해 현재의 질병을 초기에 발견하고 미래에 발생할 질병을 미리 예방한다.
- **U-헬스**: 만성질환자(고혈압이나 당뇨병 등)의 건강정보나 기타 건강 유지에 필요한 정보를 환자, 의사, 가족, 건강관리사 등이 네트워크를 통해 함께 공유한다.

토론왕 되기!

💡 의료 혁명으로 평균 수명 120세! 평생 동안 직업을 7~8가지나 가진다고?

의학과 기술의 발전이 인간의 수명을 빠르게 늘리고 있습니다. 100년 전 우리나라의 평균 수명은 28세였지만, 1960년대에는 50세로 늘어났고, 오늘날에는 100세 시대를 넘어 자연스럽게 120세 시대를 준비하고 있습니다. 지금은 고령화에 따른 여러 사회 문제를 우려하는 부분도 많지만 건강하게 오래 산다면 사람들의 생각도 달라지겠지요. 당연히 생활 방식도 달라질 거예요. 노화로 인해서 발생하는 신체적인 약화는 로봇, 인공지능, 사이버 기술, 사이보그 등으로 얼마든지 보완할 수 있을 뿐 아니라 유전자 치료나 줄기세포 연구 등을 통해 노화를 멈추는 방법까지 연구 중이니까요. 인간은 죽음을 극복할 수 없을지 몰라도 질병이나 노화는 극복할 수 있을지도 몰라요.

이처럼 건강하게 오래 살게 된다면 일에 대한 개념도 지금과는 달라질 거예요. 사람은 평생 동안 7~8가지 이상의 직업을 갖게 될 거라고 해요. 당연히 '은퇴'라는 개념도 서서히 사라지겠지요.

2030년 이후 노년층, 즉 시니어들의 최대 관심은 '사회에 가치 있고 의미 있는 일을 하고 싶다'입니다. 시니어들은 자신이 하는 모든 일이 봉사이자 즐거운 놀이라는 생각으로 스스로 행복을 찾아 나서고 있습니다. 일이 곧 여가가 되는 거지요. 이들은 사회적 기업이나 비영리 단체를 조직해서 우리 사회의 기틀을 유지하는 역할을 담당하게 됩니다.

하지만 이러한 은퇴를 준비하지 못한 사람들은 적어도 80세까지 무슨 일을 할 것인지 미리 준비해야 합니다. 지금도 인생 후반에 자신이 하고자 하는 일을 찾으며 준비하려는 사람들이 늘어나고 있지요.

이제 우리는 지금까지 경험해 보지 못한 새로운 시대를 앞두고 있어요. 미래는 꼭 절망적이지도, 반드시 희망적이지도 않아요. 새로운 기술이 미래를 만드는 것도 아니지요. 기술, 경제, 환경, 정치, 종교 등 여러 복잡한 변수가 얽혀 있습니다. 지금은 유망한 직종이라고 생각한 직업들이 120년을 살아가다 보면 선혀 보잘것없는 직업이 될 수도 있어요. 반대로 지금은 거들떠보지도 않는 직업들이 새롭게 조명받을 수도 있지요. 늘 새로운 일을 찾고 끊임없이 관심을 가져야만 해요. 이런 미래의 변화를 위해 우리가 가져야 하는 능력은 편견 없는 다양한 시각과 열린 마음이에요. 그리고 무슨 일이든지 자신이 좋아하는 일을, 그게 어떠한 일이든지 남보다 뛰어나게 잘할 수 있는 능력을 키우면 되지요.

여러분은 미래에 어떤 일을 하고 싶나요? 부모님 또는 친구들과 이야기해 보세요.

미래 의료 복지 분야에서 일하는 사람들의 주요 업무를 선으로 연결해 보세요.

텔레 의사

a. 고령화 사회에서 개인의 가족관계, 금융, 보험 관리 등 필요한 모든 것을 조언해 준다.

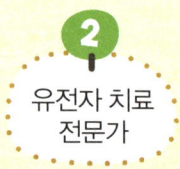
유전자 치료 전문가

b. 로봇을 이용해서 원거리 수술이나 진료를 진행하는 의사

노화 전문가

c. 현대인의 우울증이나 각종 질병, 치매 등을 대비해 적절한 운동을 통해 상황을 개선시킨다.

상황치료사

d. 유전자 시퀀서를 바이오 프린터로 작동시키고 유전공학적으로 문제가 발생하지 않도록 점검하는 전문가

정답 ① b ② d ③ a ④ c

경제 5장
경영 분야

미로를 빠져나와 골든 벨을 울려라!

금융계의 종합 예술가! 브레인 퀀트

경제·경영관은 커다란 미로로 되어 있었어요. 하지만 유망이는 걱정하지 않았어요. 미로 통과는 유망이가 좋아하는 놀이 중 하나였고, 또 여기에도 친절하게 안내를 도와주는 가이드-봇이 있었으니까요.

"어서 오세요. 경제·경영 분야의 직업 체험관에 오신 걸 환영합니다. 저희 체험관은 복잡한 미로로 이어져 있답니다. 미로를 따라가다 보면

화살을 쏘는 장소가 있어요. 화살이 과녁에 명중하면 설치되어 있는 도미노가 쓰러지고 마지막 도미노는 골든 벨을 울리지요."

골든 벨을 울리기 위해 미로를 빠져나와 화살을 쏘라니! 화살을 쏘는 모습을 상상하자 유망이는 신이 났어요.

"미로를 통과하기 위해서는 중간에 있는 휴먼-라이브러리 방을 통과해야 해요. 그곳에서 경제·경영 전문가들을 만나 직업에 대한 이야기를 나누시면 화살을 드린답니다."

유망이는 살짝 콧등을 찌푸렸어요.

"휴먼-라이브러리가 뭐예요?"

"도서관에서 책을 다운로드하거나 대출해서 보지요? 책을 대출하듯 직접 경제·경영 분야의 전문가를 유망 군에게 빌려드린답니다. 아직 나이가 어린 학생들에게는 경제·경영 분야의 직업 세계가 굉장히 낯설잖아요. 그래서 저희 체험관에서는 관람객들의 눈높이에 맞추어 이해를 돕기 위해 전문가들이 직접 발 벗고 나섰답니다."

유망이는 그저 고개만 끄덕였어요. 가이드-봇은 유망이에게 눈을 찡긋거리며 웃었어요.

"그럼, 경제·경영 직업 체험 미로로 입장하시겠어요?"

빽빽이 심겨져 있는 키 큰 나무들 사이로 좁은 길이 길게 이어져 있었어요. 괜히 마음이 설렌 유망이는 용감하게 앞으로 걸어 나갔지요. 얼마 걷지 않았는데, 커다란 문이 길을 가로막았어요.

브레인 퀀트(Brain Quant): 금융계의 종합 예술가

문 앞에는 '브레인 퀀트: 금융계의 종합 예술가'라는 글이 적힌 팻말이 붙어 있었어요.

'금융계의 종합 예술가? 금융계라면 돈을 다루는 곳이잖아. 돈으로 어떤 예술을 한다는 거지?'

브레인 퀀트, 이름부터가 너무 어렵게 느껴졌어요. 유망이는 살짝 문을 두들겼지요.

"네, 들어오세요."

유망이는 조심스럽게 문을 열고 들어갔어요. 방 안은 작은 사무실이었는데, 넓은 책상과 그 위에 놓인 여러 대의 모니터가 눈에 띄었어요. 말끔하게 양복을 차려입은 아저씨가 다가와 유망이에게 손을 내밀었어요.

"어서 오세요. 저는 브레인 퀀트 박수리랍니다."

유망이는 당황했지만 조심스럽게 아저씨의 손을 잡아 악수를 했어요. 어른과의 악수라니, 마치 유망이도 어른이 된 듯했어요.

"앉으실래요?"

"네? 네!"

아저씨는 유망이를 보고 빙긋 웃었어요. 뭐든지 물어보라는 뜻 같았지요.

'뭘? 뭘 물어봐야 하지? 브레인 퀀트가 도대체 뭐지? 브레인(Brain)은

브레인 퀀트란?

브레인 퀀트(Brain Quant)는 수학 모델을 이용해 기업의 가치와 현재의 주가, 시장의 움직임에 대한 예측 통계 모델을 산출하는 프로그램을 만들고, 이에 근거해 투자 결정을 내리는 사람을 말해요. 전략분석가와 산업 애널리스트의 중간자 역할을 담당하며 명료하게 숫자로 정리된 분석 결과를 제시하죠. 브레인 퀀트는 주식과 기업, 산업 전반에 대한 분석과 인공지능 통계 및 분석 모델 설계를 담당하고, 기업 및 개인에게 투자 자문 및 조언을 제공해 준답니다. 브레인 퀀트는 인공지능화된 펀드 운용 프로그램을 개발하고 이를 이용해 수익을 창출하는 미래 금융시장의 핵심 요원이 될 거예요.

브레인 퀀트가 되려면 경영학, 경제학, 회계학, 통계학, 프로그래밍 등을 전공해야 하며, 정보에 대한 논리적 분석력, 판단력과 순발력, 집중력이 필요해요. 또한 수리능력과 통계학적 분석력, 책임감과 도덕성도 갖추어야 한답니다.

활동분야: 기업, 투자금융회사, 증권사

뇌! 그래. 두뇌라는 뜻이잖아. 뭔가 똑똑한 사람인가 봐. 그럼 퀀트는?'
  유망이는 멍청해 보이고 싶진 않았지만 모르는 건 물어봐야 했어요.
"퀀트가 무슨 말이에요?"
"퀀트(Quant)는 '수량으로 측정할 수 있는'이라는 뜻을 지닌 quantitative의 약자예요. 금융권은 눈에 보이는 장난감이나 책 같은 물건을 상품으로 파는 게 아니잖아요. 은행이나 증권사, 투자금융회사에서는 각종

예금이나 펀드 같은 걸 고객에게 판답니다. 이런 예금이나 펀드는 숫자로 이루어진 통계를 바탕으로 만들어져요. 은행에 돈을 저축하면 이자가 붙죠? 얼마를 저축하면 얼마를 이자로 받고, 이 모든 게 숫자, 즉 돈이지요. 그래서 '숫자로 측정할 수 있는'이라는 뜻이에요."

아저씨의 말을 들어도 아리송하긴 마찬가지였어요. 숫자, 돈 놀이를 똑똑한 뇌로 한다는 말인가?

"유망 군이 은행에 매달 만 원씩 저축을 한다고 예를 들어 봐요. A예금

통장에 넣으면 1년 뒤에 10010원을 받고, B통장에 넣으면 10020원을 받을 수 있어요. 유망 군이라면 어디다 돈을 넣겠어요?"

"당연히 B통장이지요."

"그렇죠. 그런데 10년 뒤에 A통장은 11000원이 되고 B통장은 10500원이 된다고 하면요?"

"음, 만약 1년 뒤에 찾을 것 같으면 B통장에, 오랫동안 찾지 않을 것 같으면 A통장에 돈을 넣을 것 같아요."

아저씨가 빙그레 웃었어요.

"정말 똑똑한 학생이네요. 당연히 그렇게 하는 게 이익이지요. 제가 바로 그런 A, B, C통장을 만드는 사람이에요."

이제야 유망이는 브레인 퀀트에 대해 조금 이해가 되기 시작했어요. 은행에 가면 많이 꽂혀 있는 예금상품 안내 종이들이 떠올랐어요.

"은행뿐 아니라 보험사에도 여러 종류의 보험들이 있지요? 그런 보험을 디자인할 수도 있고, 영화나 미술품에 관련된 투자 펀드도 만들고 있어요. 요즘은 지구 온난화와 맞물려 탄소배출권 펀드도 만들고 있지요. 브레인 퀀트들도 각자 전문분야에 따라 하는 일이 여러 가지예요. 이런 금융상품을 만드는 일뿐 아니라 인공지능화된 펀드 운용 프로그램을 만드는 사람이 바로 저희 브레인 퀀트들이지요. 앞으로 어떤 기업의 주식이 오를지, 어떤 산업의 전망이 좋을지도 예측할 수 있게 도와주지요."

유망이는 아빠가 주식 투자하는 것을 어깨 너머로 본 적이 있었어요.

'아빠는 정말 알 수 없는 게 주가라고 했는데……?'

유망이는 입이 쩍 벌어졌어요.

"우와! 그럼 아저씨는 주식이 얼마나 오를지 안단 말이에요? 완전 부자겠네요."

브레인 퀀트 아저씨가 살포시 웃었어요.

"하하, 정확히 그렇다는 건 아니에요. 예측을 한다는 거지요. 이런 일은 입력한 자료가 정확하면 당연히 슈퍼컴퓨터가 정확한 예측 결과를 계산해 주겠지만, 일에는 변수가 많아요. 갑자기 생각지도 못한 사건사고로 인해 주가가 폭락하거나 폭등하는 경우도 종종 있지요. 물론 자랑은 아니지만 장기적으로는 저희가 만든 인공지능 펀드운용 프로그램의 예측률이 굉장히 높답니다."

아저씨는 유망이에게 눈을 찡긋했어요. 유망이는 이제 아저씨가 무슨 일을 하는지 조금은 알 것 같았어요.

"그런 걸 어떻게 예측해요?"

"쉬운 일은 아니죠. 수학적인 모델을 이용해서 만든 인공지능 펀드운용 프로그램이 큰 역할을 해요. 기업 주식의 주가, 시장의 움직임 등에 대한 예측통계 모델을 잘 만들어야 하죠."

유망이는 또다시 멍해졌어요. 아저씨가 하는 말을 하나도 알아듣지 못했거든요.

"가령 A기업의 주식이 지금은 한 주당 십만 원인데 일주일 뒤, 한 달

뒤에는 얼마쯤 될지 제가 계산해서 숫자로 정리된 분석결과를 제시해 주지요. 또 만약 어떤 기업이 외국에서 석유를 사가지고 와야 한다면 브레인 퀀트에게 세계 원유 값이 어떻게 변할지 예측해 달라고 부탁할 수도 있겠지요?"

"그럼…… 어, 그러니까 투자를 도와주시는 일이잖아요. 어떤 회사의 주식을 사면 좋을지, 어디에 투자하면 좋을지 조언을 해 주신다고 했잖아요. 그런데 지금 설명하시는 건……."

브레인 퀀트 아저씨는 큰 소리로 웃었어요.

"하하하, 2010년대라면 단순히 그랬겠지만 지금은 주식 투자 운용사 일을 전부 슈퍼컴퓨터가 하고 있잖아요. 저는 슈퍼컴퓨터의 펀드운용 프로그램을 개발하고 이용해서 수익을 만들어 낸답니다. 옛날 주식 투자 운용사인 애널리스트와 ㄱ에 따른 전략분석가의 중간자 역할을 하지요."

유망이는 고개를 흔들었어요. 너무 어려워서 다시 머리가 복잡해졌지요.

"아저씨 같은 사람이 되려면 어떤 공부를 해야 하나요?"

"경영학, 경제학, 회계학, 통계학, 그리고 프로그래밍을 공부해야 해요. 수리능력이나 분석력도 중요하지만 사실 데이터만 있으면 슈퍼컴퓨터가 다 계산해 주잖아요. 경제 데이터는 언제 어디서나 넘쳐나요. 어떤 데이터가 가치 있는 데이터인지, 그 데이터로 무엇을 할 수 있는지, 무엇을 해야 할지 판단하는 능력이 이 일을 하는 데 있어 가장 중요한 능력이지요."

'역시, 수학은 내 전문분야가 아니야!'

브레인 퀀트 아저씨는 유망이에게 화살을 하나 내밀었어요. 화살의 뒷부분에는 '브레인 퀀트'라는 꼬리표가 붙어 있었지요.

'앗싸! 어쨌든 화살 하나 획득!'

세계 전략을 구성하는 만물박사! 세계 자원 관리자

유망이는 브레인 퀀트 아저씨에게 인사를 하고 나서 뒤편으로 연결된 문을 열고 나왔어요. 다시금 경제·경영관의 복잡한 미로 앞에 섰지요.

> 세계 자원 관리자(Global Sourcing Manager)

유망이가 미로를 따라 들어간 방에는 선글라스를 쓴 아저씨가 앉아 있었어요. 브레인 퀀트 아저씨처럼 양복 차림으로 넥타이를 깔끔하게 매고 있었는데, 햇볕에 오래 있었는지 얼굴이 새까맣게 타 있었지요.

"어서 와요. 제가 중동 사막에 오래 머물다 귀국했더니, 눈에 무리가 가서 선글라스를 끼고 있답니다."

"중동에는 일 때문에 가셨나요?"

세계 자원 관리자란?

세계 자원 관리자(Global Sourcing Manager)는 복잡한 자원과 인력의 공급, 에너지 무역, 국제적 고객의 수요, 법률적 요소, 전체 비용에 대한 고려, 프로젝트 계획 등에 대한 세계 전략을 구성하는 사람입니다. 이들은 미리 조사된 예상 비용과 사용 가능한 자원에 대한 데이터베이스를 구축하고 프로젝트의 초기 단계에서 최고 경영자에게 자문과 조언을 할 수 있어야 해요. 또 프로젝트의 기획, 연구 및 평가, 효율적인 시스템 구성을 전체적으로 담당해야 하는데, 이런 일을 하기 위해서는 일단 국가의 언어, 문화, 법률적 위험 요소, 역사적 배경 등을 알아야 합니다.

세계 자원 관리자가 되기 위해서는 경영학, 경제학, 산업공학 등을 전공해야 해요. 그리고 언어적 능력, 다양성에 대한 이해력, 내용의 객관적인 전달 능력, 논리적 사고력, 창의력, 독창성, 사교성, 의사소통 능력이 필요하죠.

활동분야: 기업, 정부

"물론이지요. 원유를 직접 구매해서 우리나라 각 기업에 공급할 수 있는 프로젝트를 기획하고 있답니다."

유망이도 미래에 직업을 갖게 된다면 전 세계를 돌아다니면서 일을 하고 싶었어요.

"세계 자원 관리자는 어떤 일을 하나요?"

"우리 사회의 경제는 점점 더 글로벌화되고 있지요. 기업에서 사람을 채용할 때도 꼭 국내에서만 구하려고 하지 않아요. 전 세계를 상대로 자신의 기업에 꼭 필요한 인재를 찾으려고 하지요. 원자재와 정보 역시 마찬가지고요."

선글라스 아저씨가 작은 태블릿 컴퓨터를 꺼내 보여주었어요.

"저와 같은 세계 자원 관리자들은 기업에 필요한 자원과 인력, 에너지, 무역뿐 아니라 국제 고객들의 수요까지 전부 이 작은 컴퓨터에 데이터베이스로 가지고 있어요. 이런 데이터베이스를 기반으로 최고 경영자들에게 전략을 어떻게 짜면 좋을지, 전체 비용이 얼마나 드는지 등을 조언하는 일을 한답니다. 가끔 법률적인 조언도 해 주지요."

"우와. 하시는 일이 엄청 많네요."

"하하, 그렇습니다. 저희 같은 세계 자원 관리자들이 없다면 글로벌 프로젝트 수행이 어렵지요. 당장 인적·물적 자원의 수요와 공급에서부터 차질이 생길걸요."

유망이는 기가 팍 죽었어요.

"그럼 당연히 공부도 많이 하시겠네요?"

"물론이지요. 경영학이나 경제학은 기본이고 세계 각 나라의 언어와 문화에 대해서도 폭넓게 이해하고 있어야 해요."

"그걸 혼자 다 하신단 말이에요?"

"아뇨. 그걸 어떻게 저 혼자서 다 하겠어요? 저희는 대개 팀을 이뤄서 작업을 해요."

"그렇군요."

하지만 유망이는 과연 자신이 저런 일을 할 수 있을지 막막하기만 했어요. 유망이는 세계 자원 관리자에 대해 알려줘서 고맙다는 인사를 한 다음 서둘러 자리에서 일어섰어요. 그러자 선글라스 아저씨가 '세계 자원관리자' 꼬리표가 붙은 화살을 유망이에게 건네며 말했어요.

"저도 처음에는 그랬어요. 이 일이 너무 거창하다 싶어 잘하기는커녕 감당이라도 할 수 있을까 싶었어요. 하지만 혼자 하는 것도 아니잖아요. 하나씩 천천히 배우다 보니까 어느새 일에 익숙해지고 재미있어지더라고요. 그러니까 너무 겁먹지 마세요."

유망이는 화살을 받아들며 선글라스 아저씨에게 웃어 보였어요.

"네. 감사합니다."

창업을 도와주는 창업 투자 전문가

"헉! 헉! 아휴, 힘들어. 무슨 직업이 이렇게 많고 다들 전문가이지?"

유망이는 미로를 열심히 돌아다녔어요. 경제·경영관 미로는 생각보다 복잡해서 왔던 길을 돌아가기도 하고 같은 곳을 여러 번 빙빙 돌기도 했어요. 그러다 미로 끝에 이르러 또 다른 작은 방을 발견했어요. 눈에 쏙 들어오는 방 표지판이 있었지요.

> ### 창업 투자 전문가(Seed Capitalist)

음, 꽤 괜찮은데? 회사나 정부기관에 취직하지 않고 직접 사업을 하는 것도 좋은 선택일 것 같았어요.

인공지능과 로봇이 일자리에 미치는 영향

미래에 각광받을 직업과 사양 직업으로는 어떤 것이 있을까요? 박가열 고용정보원 연구위원은 인공지능과 로봇기술 발전에 따른 자동화 직무 대체는 2020년 전후에 시작될 것이지만, 단순 반복 과업 중심으로 대체되는 것이고 중요한 의사결정과 감성에 기초한 직무는 여전히 인간이 맡게 될 것이므로 막연히 일자리의 소멸을 불안해 할 필요는 없다고 말했어요. 또한 앞으로 인공지능과 로봇이 인간을 대신하여 담당하게 될 직무 영역이 어디까지인지를 사회적으로 합의하고 자동화에 따른 생산성 향상의 결과를 사회 전체가 어떻게 공유할 것인지에 관한 제도적 장치를 마련하는 것이 중요하다고 강조했죠.

자동화 대체 확률 높은 직업 상위 10개

순위	직업 명	대체 확률
1	콘크리트공	0.9990578
2	정육원 및 도축원	0.9986090
3	고무 및 플라스틱 제품조립원	0.9980240
4	청원경찰	0.9978165
5	조세행정사무원	0.9960392
6	물품이동장비조작원	0.9951527
7	경리사무원	0.9933962
8	환경미화원 및 재활용품수거원	0.9927341
9	세탁 관련 기계조작원	0.9920450
10	택배원	0.9918874

자동화 대체 확률 낮은 직업 상위 10개

순위	직업 명	대체 확률
1	화가 및 조각가	0.0000061
2	사진작가 및 사진사	0.0000064
3	작가 및 관련 전문가	0.0000073
4	지휘자·작곡가 및 연주가	0.0000200
5	애니메이터 및 만화가	0.0000389
6	무용가 및 안무가	0.0000431
7	가수 및 성악가	0.0000744
8	메이크업아티스트 및 분장사	0.0002148
9	공예원	0.0002440
10	예능 강사	0.0003703

▲ 출저: 한국고용정보원 홈페이지

유망이가 방문을 두들기기도 전에 문이 벌컥 열렸어요. 머리를 짧게 깎고 바지 정장을 입은 아줌마가 먼저 문을 연 거예요.

"반가워요. 무엇을 도와 드릴까요?"

"저, 창업을 하려면 어떻게 해야 하나요?"

"정말 잘 찾아오셨어요. 제가 바로 창업을 도와주는 사람이거든요."

유망이는 망설이며 물었어요.

"저, 창업을 하려면 아무래도 돈이 많이 있어야겠죠?"

창업 투자 전문가가 미소 지었어요.

"돈이 많다면 물론 좋겠지요. 하지만 가지고 있는 돈이 없어도, 좋은 창업 아이디어만 있다면 돈을 투자받을 수 있어요."

유망이는 눈이 번쩍 뜨였어요.

"어떻게요?"

"유망 군이 제3세계 어린이들에게 책을 보내주는 사업을 한다고 가정해 볼까요? 유망 군은 어떻게 일을 진행할 것인지, 그리고 어떤 방식으로 돈을 모으고 있는지 인터넷에 올릴 수도 있죠. 그럼 전 세계 네트워크를 통해 이 일이 홍보가 될 거예요. 유망 군의 사업에 동참하고 싶은 사람들, 투자하고 싶어 하는 사람도 나타날 테지요. 그걸 크라우드 펀딩이라고 해요. 이와 같은 방식으로 사업에 필요한 돈을 모을 수 있지요. 어때요? 유망 군, 생각해 둔 사업이 있나요?"

유망이는 고개를 흔들었어요.

"아, 아뇨. 저는 그냥……. 나중에 창업을 할 수도 있겠다 싶어서요."

"나중에 창업을 할 때는 꼭 저 같은 창업 투자 전문가에게 조언을 구하는 게 좋아요. 유망 군이 필요로 하는 자본과 경영 노하우를 알려드리고, 창업 초기 단계의 위험요소도 미리 제거하도록 도움을 드리기 때문이죠.

그렇게 되면 당연히 창업 성공 확률과 수익성이 높아지겠지요?"

 저런 전문가가 함께해 준다면 창업을 할 때 드는 불안한 마음은 많이 줄어들 것 같기도 했어요.

 "그 외에도 창업 아이디어나 가지고 있는 기술을 평가하고 사업성을 검토해 주기도 하지요."

 창업 투자 전문가는 유망이에게 명함을 내밀었어요.

 "요즘은 꼭 1인 기업이 아니더라도, 개인이 브랜드가 되는 세상이지요."

 "개인이 브랜드라니요?"

 "간단하게 연예인을 예로 들면, 연예인 이름이 그 사람의 브랜드예요. 공인뿐 아니라 개인도 마찬가지예요. 유망 군이 예술 분야에서 일한다면 더욱 그렇겠지만 많은 사람을 상대로 하는 직업이면 무엇보다 자신의 이미지를 관리할 필요가 있어요. 유망 군도 자신만의 브랜드를 가지는 게 좋아요. 제가 드린 명함에 있는 개인 브랜드 매니저를 만나 보세요."

 ### 개성을 스타일하다! 개인 브랜드 매니저

 유망이는 창업 투자 전문가가 준 명함을 들고 개인 브랜드 매니저 방을 찾았어요.

개인 브랜드 매니저(Personal Brand Manager)

개인 브랜드 매니저는 예쁜 누나였어요. 매니저 누나는 유망이를 보더니 환하게 웃었어요. 미래 사회에는 한 개인이 평생토록 가지게 되는 직업이 7~8개는 될 거라고 했어요. 상품도 브랜드가 중요하듯이 각 개인도 자신의 이미지, 즉 브랜드가 매우 중요하다고 했지요. 매니저 누나는 유망이가 갖고 싶어 하는 직업에 대해 물었어요.

"아직 뚜렷한 꿈이 없어요."

"걱정 말아요. 당연히 꿈이 없을 수도 있죠. 지금부터 자기 자신을 잘 탐험하면서 경력과 이미지를 쌓아 가면 돼요."

매니저 누나는 유망이가 원하는 자신의 이미지에 대해 물었어요.

"난 좀 더 자신감이 넘치고, 힘이 세 보였으면 좋겠어요."

"그렇다면 먼저 가슴을 내밀고 허리를 꼿꼿이 바로 세워 보세요. 자세가 바르면 당당해 보인답니다."

매니저 누나는 자세 교정에서부터 유망이의 얼굴빛에 잘 어울리는 색깔의 옷을 권해 주기도 하고, 앞으로 유망이가 공부해야 하는 가장 기초적인 학업에 대해 조언해 주기도 했어요.

"유망 군은 나이가 어리니까 수학, 과학의 기초를 잘 배우는 게 중요해요. 철학은 나이가 들면 쉽게 이해할 수 있고, 사회학 역시 유망 군이 공

동체 생활을 접해 보면 쉽게 몸으로 배울 수 있지요. 인문학은 지금부터 평생토록 항상 가까이 하세요."

미래 사회에는 팔방미인처럼 모든 것을 다 잘하는 전문가가 필요한 게 아니라 잘 아는 한 가지의 전문분야와 다른 전문분야를 폭넓게 이해하는 전문가가 필요하다고 했어요.

"개인 브랜드 매니저는 인적자원 공급 회사에서 근무할 수도 있어요. 우리 사회와 기업에서 가장 필요로 하는 인재는 바로 서로 다른 전문분야와도 융합할 수 있는 전문가랍니다."

"어? 저는 개인 브랜드 매니저가 개개인을 브랜드화시켜 주는 일만 할 줄 알았어요."

"물론 그런 일도 하지요. 개인 브랜드 매니저도 하는 일이 다양해요. 저는 한 개인이 어떤 이미지로 대중에게 다가가야 하는지, 그 방법도 조언해 준답니다. 지금 무심코 사용하고 있는 인터넷 개인 계정들, 페이스북이나 카카오톡 등, SNS는 지금 이 순간에도 유망 군의 이미지를 스스로 만들고 있어요. 자신을 이러한 네트워크 미디어에 어떻게 노출시키고 홍보해 나갈지도 개인 브랜드를 만드는 데 있어 매우 중요하죠."

유망이는 얼마 전에 무심코 올린 댓글이 생각났어요.

"그러네요. 이제부터라도 올바른 인터넷 사용, 항상 명심할게요."

"정말 똑똑한 학생이네요. 자기 스스로를 돌아볼 줄 아는 능력은 아주 탁월한 재능이랍니다."

매니저 누나는 오른손 검지를 치켜올렸어요. 사람의 마음을 편안하게 만들어 주는 능력도 개인 브랜드 매니저 역할에 필요한 듯 보였어요.

"누나처럼 되려면 어떻게 해야 되죠?"

"무엇보다 여러 가지 자료들을 분석할 줄 아는 분석력과 그 자료들을 꿰뚫어 보는 통찰력, 그리고 네트워크 활용능력이 가장 많이 필요해요. 상담이나 심리에 관한 지식이 있으면 더 좋고, 또 많은 사람을 만나는 직업이다 보니 당연히 타인에 대한 배려심이나 이해심도 커야겠죠?"

유망이는 매니저 누나에게서 화살을 받아 들고 방문을 나왔어요. 미로가 끝이 났어요. 드디어 유망이가 경제·경영관 미로의 한가운데 골든 벨에 이른 것이었어요. 물론 화살을 과녁에 쏘아야만 했지만, 이 순간을 위해 열심히 화살을 모은 거 아니겠어요?

가이드-봇이 유망이를 기다리고 있었어요.

"어땠나요? 도움이 되셨나요?"

"네. 경제·경영 분야는 조금 어려웠지만 앞으로 어떻게 공부를 해야 할지, 어떤 꿈을 가지고 살아가야 할지 조금은 알 것 같았어요."

가이드-봇이 유망이에게 활을 건네주었어요. 드디어 유망이가 화살을 날릴 순간이었지요. 멀리 골든 벨이 보이고, 그 앞에는 둥근 과녁이 설치되어 있었어요. 화살이 과녁에 명중한다면 뒤편에 설치된 도미노가 움직여 골든 벨을 울리게 될 거예요. 유망이는 활에 화살을 걸었어요.

"쏘세요!"

피~융, 화살은 픽 하고 날아가더니 과녁 가까이에 이르지도 못했어요.

"에잇!"

"처음이 어렵지, 다음은 쉬워요."

가이드-붓이 유망이를 위로해 주었어요.

두 번째 화살은 과녁 가까이에 이르렀지만 명중하진 못했어요.

"이번에 꼭! 맞힐 거야."

유망이는 마음을 단단히 먹고 활시위를 당겼어요. 피이~융 활시위를 떠난 화살은 부드럽게 포물선을 그리며 과녁을 향해 날아갔어요.
"명중!"
소리와 함께 과녁 뒤편에 설치된 도미노들이 차례차례 넘어졌어요.
"댕~ 댕~ 댕~~~"
드디어 골든 벨이 울렸어요.
"야호!"
유망이는 신이 나서 팔을 힘껏 치켜올렸어요. 골든 벨이 울리자 가이드-봇이 유망이에게 경제·경영 분야 전망 보고서를 건네주었어요.

경제·경영 분야 직업 보고서

경제·경영 산업 전반에 놀라운 변화가 시작되었어요. 생각지도 못한 산업 분야 간의 새로운 연결은 네트워크 간의 경쟁으로 이어지고 있습니다. 스마트폰, 의료, 건강, 지식, 엔터테인먼트, 금융, 제조, 교육 등이 서로 결합하면서 기존의 질서와 경쟁 구조를 파괴하는 동시에 경제 산업계를 새로 만들고 있어요. 금융서비스 산업은 오프라인에서 모바일로 옮겨 가고 디지털 화폐가 널리 통용되고 있어요. 제조업계에서는 3D 프린팅으로 소량 생산, 개인 맞춤 생산이 가능해져 소비자가 생산자가 되고 있답니다. 물건을 만드는 데 필요한 자본이 없다면 '크라우드 펀딩'을 통해 미래의 제품 구매자에게 직접 돈을 투자받기도 하지요. 차량이 필요할 때는 차를 사서 소유하는 게 아니라 빌려 쓰는, 혹은 공유하는 새로운 문화가 자리 잡고 있습니다. 기업에서 이런 변화에 맞서 새로운 상품과 서비스를 내놓고 있지요. 일은 주로 로봇과 3D 프린터가 하게 되고 사람은 대개 관리·감독을 맡습니다. 글로벌한 인재, 유연한 근무시간, 업무공간의 확장 등으로 여유가 생긴 사람들은 스스로 디자이너가 되고 제조업자가 되면서 전 세계 사람들에게 자신의 물건을 팔기도 합니다.

경제·경영 부문 전문가들

가상 디지털 화폐 전문가

디지털 화폐는 온라인상에서 실제 화폐처럼 물건을 사고팔 수 있는 가상화폐예요. 암호화된 번호 자체가 화폐지요. 비트코인, 라이트코인, 블랙코인, 네임코인, 다지코인, 다크코인 등 200여 개의 디지털 화폐가 현재 유통 중에 있어요. 은행과 같은 중앙기관은 없지만, 암호화 정보를 통해 서로 거래를 하고 있지요. 이와 관련된 은행, 관리자, 변호사들이 전망 있는 직종이에요. 또 디지털 화폐를 도둑맞았을 경우에 필요한 도난복구 전문가도 활동 중이랍니다.

통화·환율 전략가

통화의 흐름을 파악하고 통화정책을 전문적으로 다루는 사람입니다. 급격하게 변화하는 환율을 전문적으로 분석하기도 하지요.

헤드헌터

기업이 필요로 하는 고급 인력을 업체에 소개하고 평가, 알선하는 사람이에요. 종종 경영 컨설팅까지 겸하기도 하죠.

토론왕 되기!

💡 1인 메이커 시대, 온라인에서는 콘텐츠를 만들고, 오프라인에서는 무엇이든 만들 수 있다고?

예전에는 인터넷을 일부 사람들만이 사용해 왔어요. 하지만 모두가 연결되고 모든 사람이 인터넷을 사용하는 게 가능해지는 미래에는 온라인 경제가 급속도로 커진답니다. 또 다양한 모바일 서비스는 디지털 콘텐츠 오픈 마켓이라는 새로운 시장을 형성했습니다.

이제껏 유튜브, 페이스북, 트위터 등에서 새롭게 창조된 콘텐츠는 무료로 유통되었지만, 이제는 영상이나 콘텐츠를 검색하는 데 돈을 지불하고 판매를 할 수도 있습니다. 자신의 아이디어를 팔 수 있는 새로운 시장이 만들어진 것이지요. 구글이나 네이버 등 대형 포털사이트나 미디어 사이트를 뛰어넘는 대중적 소셜미디어(유튜브, 페이스북, 트위터 등)가 전문화되고 세분화된 마케팅 시장이 형성되었어요. 사람들은 이러한 디지털 콘텐츠 서비스를 플랫폼을 통해 즐기고 소비하면서도 누구나 수익을 창출할 수 있어요. '리트윗', '좋아요'로 표현되는 일반 대중의 참여는 개인의 이벤트를 상품으로 판매할 수 있는 방법을 제시한 것이지요. 굳이 방송국을 통해 연예인으로 데뷔하지 않아도 개인 방송으로 연예인 못지않은 인기를 끌고 돈도 버는 개인이 늘어나고 있습니다. 콘텐츠 창작자가 소비자와 직접 소통하고 공감하면서 유통하는 방식이지요.

다가오는 미래는 기존의 일자리 산업이 거의 사라지면서 새로운 일자리를 찾는 사람들이 온갖 상상력으로 새로운 것을 만들어내고 있어요. 사람들은 자신이 상상하는 것은 무엇이든 만들어 냅니다. 항상 새로운 것을 만들어 내는 기술과 기회를 찾죠. 기술과 디자인, 예술이 함께 어우러지면서 새로운 제품을 만들어 냅니다. 창의적인 기술을 가진 사람들은 공동 작업을 하거나 기술을 나누면서 서로를 도와줍니다. 사람들은 무언가를 만들어 낼 때 즐거워하지요. 이들은 지역사회를 기반으로 새로운 창업을 할 수도 있지만 교육이나 레크리에이션, 봉사활동의 형태로 활동하기도 합니다.

무언가를 항상 만들어 내는 메이커들은 온라인 커뮤니티를 통해 서로를 연결해 주고 새로운 도구와 프로젝트를 소개해 주기도 하지요. 누구든지 어떤 재료든 언제든지, 무엇이든 만들 수 있어요. 지역사회는 다양한 분야의 창업에 초점을 맞춰 3D 프린팅, 목공, 기계, 가공, 용접, 봉제 등에 필요한 물품과 교사, 교육자를 양성하기 위해 노력할 것입니다. 이에 따른 전문 기술과 인력 또한 필요하지요.

여러분은 온라인에서 어떤 콘텐츠를 만들어 판매하고 싶나요? 오프라인에서는 3D 프린터로 무엇을 만들어 보고 싶나요? 부모님 또는 친구들과 이야기해 보세요.

다음은 무슨 직업일까요?
설명에 해당하는 직업을 찾아 보세요.

1 수학 모델을 이용해 기업의 가치와 현재의 주가, 시장의 움직임에 대한 예측 통계 모델을 산출하는 프로그램을 만들고, 이에 근거해 투자 결정을 내리는 사람을 말해요. 인공지능화된 펀드 운용 프로그램을 개발하고 이를 이용해 수익을 창출하는 미래 금융시장의 핵심 요원이랍니다.

2 자본과 경영 노하우를 알려주고, 창업 초기 단계의 위험요소를 미리 제거하는 데 도움을 주는 사람이에요. 창업 아이디어나 가지고 있는 기술을 평가하고 사업성을 검토해 주기도 하지요.

3 복잡한 자원과 인력의 공급, 에너지 무역, 국제적 고객의 수요, 법률적 요소, 전체 비용에 대한 고려, 프로젝트 계획 등에 대한 전략을 구성하는 사람입니다. 예상 비용과 사용 가능한 자원에 대한 데이터베이스를 구축하고 프로젝트의 초기 단계에서 최고 경영자에게 자문과 조언을 하지요.

4 개인이 자신의 가치를 객관적으로 살피고 파악하기에는 어려움이 있으므로, 이를 상대적으로 평가하여 장점을 개발할 수 있도록 도움을 주는 사람이에요. 회사에 취직 또는 이직을 준비하거나, 그 밖에 다양한 사회 활동에서 자기 자신만의 차별화되는 특징을 가질 수 있도록 체계적으로 관리해 준답니다.

- **a** 창업 투자 전문가
- **b** 세계 자원 관리자
- **c** 브레인 퀀트
- **d** 개인 브랜드 매니저

정답 ① c ② a ③ b ④ d

환경 6장
에너지 분야

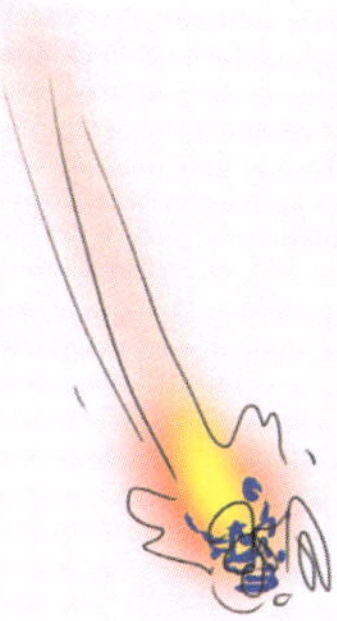

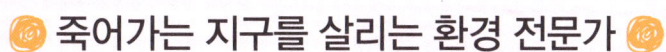

죽어가는 지구를 살리는 환경 전문가

 환경오염으로 죽어가는 지구를 살려요

"콜록, 콜록. 으으윽. 켁!"

환경 에너지 분야 체험관 안으로 들어간 유망이는 자욱한 스모그에 기침이 났어요.

"으으윽, 이게 도대체 뭐야?"

가이드-봇이 스스륵 유망이에게 다가왔어요.

"지금 이게 우리가 살고 있는 지구가 처한 현실이에요. 무더운 여름과 혹독한 겨울, 이 모든 변화가 이상기후 때문이지요. 지금 지구의 한쪽에서는 비가 오지 않아 마실 물조차 부족한데, 또 다른 쪽에서는 엄청난 폭우가 쏟아져 모든 걸 쓸어 가고 있답니다. 빙하가 녹아내리는데, 환경오염마저 심각한 상태입니다. 전 지구적인 대책 마련이 시급한 상황입니다."

유망이는 매캐한 공기를 덜 마시기 위해 손으로 입을 가렸어요.

"지금 안쪽 회의실에서는 각 분야의 전문가들이 모여 대책 회의를 하고 있습니다. 함께 참석해 주시겠습니까?"

유망이는 어찌된 영문인지 미처 파악하지도 못하고 얼떨떨한 상태로 회의실 안으로 들어갔어요. 정면에는 큰 화면이 설치되어 있고, 몇몇 전문가들이 회의 테이블에 둥글게 모여 앉아 있었지요. 유망이도 비어 있는 자리를 찾아 슬그머니 자리에 앉았어요. 정면에 설치된 대형 화면에서는 리포터로 보이는 사람이 뉴스를 전하고 있었어요.

"석탄·석유·가스 등 화석연료의 사용으로 배출된 탄소는 약 3만 5000메가톤(2035년 탄소배출 예상량)에 이르고 있습니다. 이로 인해 지구 온난화가 가속화되어 지구 평균 기온이 10년 전에 비해 1.5℃ 올랐습니다. 지구 곳곳에서는 가뭄과 한파, 홍수와 폭설 등 이상기후가 이어지고 있습니다."

테이블에 앉아 있는 한 사람이 일어섰어요.

"저는 탄소배출량 중개 거래인입니다. 미국 환경청에서는 탄소배출량을 30% 줄이고, 유럽연합(EU) 역시 온실가스 배출량을 40% 줄였습니다. 중국도 탄소배출량 상한선을 도입한다고 합니다. 이처럼 전 세계에서 온실가스를 줄이기 위해 노력하고 있지만, 안정적이지는 못한 상황입

[환경 에너지 분야] 죽어가는 지구를 살리는 환경 전문가

니다. 우리나라 역시 탄소배출량을 30% 줄이기 위해 노력했지만, 그 기대치에 미치지 못했습니다. 불행히도 우리나라는 초과 배출한 탄소량을 다른 나라에서 사가지고 와야 합니다."

한 사람이 의자에 앉은 채 중얼거렸어요.

"끙, 저개발 국가에서 경제성장에 동참하면서 지구에 남아 있던 삼림 파괴가 더욱 심각해지고 있어요. 나무라도 덜 베면 좋겠는데······."

그러자 옆 테이블에 앉아 있던 사람이 얼굴을 찌푸렸어요.

"하지만 저개발 국가더러 나무를 베지 말라고 하거나 공장을 짓지 말라고 할 수도 없잖아요."

"그래서 선진국이 저개발 국가에게서 비싼 값을 주고 탄소배출권을 사잖아요. 언제까지 이렇게 해야 하겠습니까?"

건너편 테이블에 앉아 있던 다른 사람이 일어났어요.

"저는 지속가능경영 컨설턴트입니다. 이제 기업에서 온실가스나 환경오염을 일으키는 상품을 생산해서는 안 된다는 걸 누구보다 잘 아실 거라 믿습니다. 무엇보다 소비자가 외면하고 있습니다. 소비자가 원하는 에코 상품, 친환경 제품을 만들어 내야 합니다."

모두들 고개를 끄덕였어요.

"에코 기업, 친환경 기업의 물건이라면 돈을 더 주고라도 기꺼이 사겠다는 사람들이 점점 늘어나고 있습니다. 기업에서는 기획 설계 단계에서부터 자원과 에너지를 아낄 수 있는 제품을 만들어 내야 합니다."

미래 에너지에 대해 알고 싶다면 여기로 놀러 오세요!

다음에 제시한 곳들은 친환경 에너지에 대해 알아보고, 에너지 절약 실천방법도 배울 수 있는 곳이에요.

- **서울에너지 드림센터(www.seouledc.or.kr)** 서울 상암동 월드컵 공원의 '마포구 평화의 공원' 안에 있는 에너지 제로 공공건축물이에요.
- **부안 신재생에너지 테마파크(nrev.or.kr)** 전북 부안에 있는 부안 신재생에너지 테마파크에서는 직접 에너지 원리를 체험하고, 게임과 입체영화를 즐기면서 에너지의 소중함을 깨달을 수 있어요.
- **한국에너지공단 신재생에너지센터(www.knrec.or.kr)** 신·재생 에너지 이용 및 보급과 산업 육성을 전문적이고 효율적으로 추진하기 위해 성능평가 및 인증, 주택 지원, 발전차액 지원, 공공의무화사업과 같은 보급사업 그리고 홍보교육, 국제협력, 정책연구 등 여러 분야의 사업을 추진하고 있습니다.
- **홍성의 죽도** 탄소 제로인 에너지 자립 섬으로 31가구 주민 70여 명이 사는 작고 아름다운 섬이에요. 죽도에서 사용되는 모든 전기 에너지가 태양광, 풍력, 지열, 수력, 연료전지 등의 친환경 에너지로 자급자족되고 있답니다.

▲ 홍성의 죽도

"그렇습니다. 그것이야말로 기업이 오랫동안 지속되도록 하는 경영의 원리임을 잊어서는 안 됩니다."

유망이는 마트에 가면 늘 꼼꼼히 제품을 비교하던 엄마가 생각났어요.

엄마는 실컷 비교하더니 싼 제품이 아니라 비싼 것을 고르곤 했죠. 유망이가 의아해하자 엄마는 가족의 건강을 위해 좀 더 건강한 먹거리를 사는 거라고 했어요. 이러한 소비가 미래에는 기업들이 유기농이나 친환경 제품을 만들어 내는 데 자극이 되었다고 생각하니, 괜스레 뿌듯해졌어요.

앞자리에 앉아 있던 사람이 일어났어요.

"온실가스를 줄이기 위한 여러 기업의 노력에 감사드립니다. 저희 정부 기관에서도 이와 관련한 친환경 산업과 태양광·풍력 에너지 저장장치 등 신재생 에너지 기술 관련 산업에 많은 투자를 하고 있습니다. 경기 침체에도 불구하고 관련 직종 일자리의 경기는 계속 성장하고 있지요."

그러자 모인 사람들이 박수를 쳤어요. 정부와 기업 및 소비자의 관심, 이 모든 것이 지구를 살리기 위한 노력인 거예요.

"이러한 관심과 노력은 계속 지속되어야만 할 것입니다. 그런 의미에서 여기 테마파크를 관람하고, 체험해 주신 여러분께서 직접 오늘 소비한 에너지를 충전해 주시길 부탁드립니다."

'잉? 이게 무슨 말이지?'

가이드-봇이 돌아다니면서 사람들에게서 관람 티켓을 확인하고 있었어요. 관람 티켓에는 소비한 에너지양이 자동으로 기록되는 모양이었어요. 유망이는 그제야 공짜로 테마파크에 들어온 것이 생각났어요. 그러니 당연히 관람 티켓이 있을 리 없었죠.

'내가 오늘 테마파크를 관람하는 데 사용한 에너지양은 얼마일까?'

환경오염과 이상기후로 새롭게 뜨는 미래 유망 직종

- **탄소배출 관련 직업군** 탄소배출 점검기록 전문가, 탄소배출권 거래 중개인, 온실가스 관리 컨설턴트 등
- **친환경 산업 직업군** 환경·사회문제와 기업 윤리 등을 종합적으로 고려해 기업의 지속 가능성을 추구하는 사업을 기획·개발·운영하는 사람들로 '그린 칼라'로 불려요.
- **환경병 컨설턴트** 산업화된 사회에서 환경 관련 병을 일으키는 원인에 대해 체계적이고 정확한 진단을 합니다.
- **날씨 조절 관리자** 물 부족국가의 가뭄 해결, 태풍과 허리케인의 강도를 약화시키는 분야의 전문가
- **기상 컨설턴트** 기상정보를 필요로 하는 개인이나 기업에 기상정보와 위험관리 전략을 제공하는 직업
- **신재생 에너지 분야 전문가** 신재생 에너지란 기존의 화석연료를 변화시켜 이용하거나 햇빛, 물, 지열, 생물 유기체를 이용하는 에너지랍니다. 바이오 에너지 연구 및 개발자, 에너지 진단 전문가, 폐기물 에너지화 연구원, 해양공학 기술자가 있지요. 에너지절약제품 디자이너라는 특이한 직업도 있어요.
- **수소연료전지 전문가** 수소와 산소의 화학 반응으로 생기는 화학 에너지를 전기 에너지로 직접 변환시키는 기술자예요.

이외에도 신재생 에너지 관련 미래 유망 직종으로 지열시스템 연구 및 개발자, 태양광 발전 연구 및 개발자 등이 있답니다.

가이드-봇이 유망이에게 다가왔어요.

"어, 나는 관람 티켓이 없는데……."

"그렇군요. 관람 티켓은 테마파크 예약자들에게만 제공하고 있습니다."

"아, 나는 예약을 안 해서 티켓이 없구나."

몰래 들어온 사람으로 취급받지 않아서 참 다행이었어요.

"이쪽으로 오세요. 마지막 체험관이자 테마파크 출구입니다."

가이드-봇이 유망이를 데리고 간 곳은 에너지 자력 충전 센터였어요. 그곳에서는 자전거가 여러 대 놓여 있었어요. 자전거 페달을 밟으면 전기가 충전된다고 했지요. 유망이는 거의 울며 겨자 먹는 심정으로 자전거에 올라타 페달을 밟기 시작했어요.

"으, 세상에는 공짜가 없구나."

씽씽씽, 바퀴가 돌아갈수록 연결된 충전전지에 전기 에너지가 충전됐어요. 십 분쯤 페달을 밟자 힘이 들어서 헉헉 소리가 저절로 튀어나왔지요.

"이거, 얼마만큼 페달을 밟아야 하는 거야?"

바로 그때 벽면에 있던 커다란 모니터에 속보가 떴어요. 리포터가 다급한 목소리로 말했어요.

"우주 정거장에서 체류하던 우주 비행사들이 지금 급히 대피 중이라는 속보입니다.

우주 정거장을 향해 무게 20kg가량의 우주 쓰레기들이 날아오고 있다고 합니다. 이 우주 쓰레기들은 지난해 쏘아 올린 우주 로켓의 부산물로 보입니다."

유망이는 화면을 보면서 힘없이 중얼거렸어요.

"음, 지구뿐 아니라 우주 공간에서도 쓰레기가 문제구나."

리포터가 다급한 목소리로 외쳤어요.

"속보, 속보입니다. 그 우주 쓰레기가 방향을 바꾸어 지구로 떨어지고 있습니다. 우주 쓰레기가 향하는 방향은 테마파크, 테마파크입니다."

유망이가 깜짝 놀라 고개를 들자, 머리 위에서 갑자기 무언가가 떨어져 내려오고 있지 않겠어요? 유망이는 비명을 지르며 머리를 감쌌어요.

"아아아악!"

유망이의 몸이 아래로, 아래로 떨어지고 있었어요.

 **다시 집으로**

유망이는 온몸이 뱅글뱅글 돌아갔다 털썩 바닥에 떨어지는 느낌이었어요. 눈이 번쩍 뜨였죠. 몸은 땀에 흠뻑 젖어 있었어요. 유망이는 자기 몸을 손으로 더듬었어요. 다행히 죽지 않고 살아 있었어요. 게다가 왠지 낯설지 않은 공간이었어요.

"여기는? 여긴 또 어디지?"

유망이는 고개를 돌렸어요. 책상 위에는 유망이가 좋아하는 로봇이, 침대 위에는 강아지 로봇이 놓여 있었어요. 책장에는 책들이 빼곡하게 꽂혀 있고 책가방이 바닥에 어지럽게 널브러져 있었죠. 벽에는 온통 로봇 포스터가 붙어 있었고요. 익숙한 풍경이었어요. 주변을 돌아본 유망이는 침대에서 벌떡 일어났어요.

"뭐야! 내 방이잖아!"

유망이는 다시금 어지러운 머릿속 생각을 정리해 보았어요.

"테마파크에서 자전거 페달을 밟고 있었는데, 갑자기 우주 쓰레기가 내 머리 위로 떨어져 내렸어……. 아냐, 그건…… 그건 그러니까 미래였잖아!"

유망이는 다시금 침대 위로 털썩 주저앉았어요. 침대 옆 바닥에는 유망이가 읽고 있던 책이 떨어져 있었어요.

'그래, 맞아. 나는 로봇에 대한 책을 읽고 있었지.'

거실에서 음악소리가 들려왔어요. 청소기 돌아가는 소리도 들렸죠. 엄마가 또 음악을 틀고 청소를 하는 듯했어요. 유망이는 책상 위에 놓인 로봇을 바라보았어요.

"음, 책을 읽다가 꿈을 꾼 건가?"

하지만 꿈이라고 생각하기에는 너무나도 생생했어요. 책상 위에 있는 로봇은 꿈속에서 엄마랑 찾아간 〈뭐든지 다 물어봐 점집〉에 있던 로봇과

비슷했지요.

'설마, 이 녀석이 인공지능 알파-봇?'

유망이는 로봇을 들고 거실로 나갔어요. 엄마는 청소를 하다 말고 유망이를 쳐다봤지요.

"엄마."

"왜?"

"저기……, 미래에는 세상이 어떻게 변할까요? 어…… 그러니까 앞으로 나는 어떤 일을 하면 좋을까요?"

엄마가 청소기 전원을 껐어요. 매번 놀기만 좋아하던 유망이가 자신의 미래에 대해 생각하는 게 너무나도 기특하고 대견스러웠어요.

"유망이 너는 어떤 일을 하고 싶어?"

"글쎄, 음, 솔직히 지금은 딱히 하고 싶은 일이 없어요. 그래도……."

갑자기 유망이는 왜 그런 꿈을 꿨는지 알 것 같았어요. 그 꿈은 바로 유망이가 하고 싶은 일이었던 거예요. 유망이는 환하게 웃으며 소리쳤어요.

"부자가 되고 싶어요!"

"부자가 되어서 뭘 하고 싶은데?"

유망이는 미소 지었어요.

"헤헤, 커다란 테마파크를 만들 거예요. 커다란 우주선 모양으로요. 그곳에서는 VR-슈트를 입고 증강현실도 체험할 수 있어요. 가수들이 나와서 다양한 홀로그래피 공연도 하고, 3D 프린터로 피자를 만들어 먹을 수도 있는 최첨단 테마파크!"

엄마가 빙그레 웃었어요.

"우와, 정말 그런 곳이 있다면 재미있겠다."

"그렇겠죠? 미래는 계획하고 만들어 가는 거니까, 제가 만들면 돼요. 바로 우리가 만들어 나갈 세상이잖아요."

유망이는 손에 든 로봇을 불끈 쥐었어요.

우주여행 시대가 다가왔다!

미래에는 일반인을 위한 우주여행도 시작될 전망입니다. 레오나르도 디카프리오, 브래드 피트, 저스틴 비버 등 수백 명의 사람들이 이미 우주 관광 티켓을 사 두었다고 해요. 2020년 11월에는 미국 민간 우주탐사기업 스페이스X가 4명의 우주 비행사를 태운 유인 우주선 크루 드래건을 국제 우주정거장(ISS)으로 쏘아 올리기도 했어요. 크루 드래건은 미국 항공우주국으로부터 최초로 민간 유인 우주선 인증을 받았어요.

민간 우주 관광을 포함한 우주 산업은 매년 20% 이상 증가하고 있다고 합니다. 우주 산업이 증가하는 이유는 미래형 산업에 대한 선점효과뿐 아니라 달에 매장되어 있는 에너지원을 둘러싼 자원전쟁에서 유리한 입장에 서기 위한 목적도 있답니다.

우주여행 관련 유망직종으로는 우주여행 가이드, 우주 관광 에이전트, 우주 항공 승무원, 우주 교통 관제사, 우주 항공 기술자 등이 있어요.

▲ 티켓 가격이 3억 원에 달하는 민간 우주선 '스페이스쉽2' 내부 구조도

미래의 에너지 산업은 어떻게 변화할까?

미래의 에너지 산업 분야가 변화해야 하는 가장 큰 이유는 '기후 문제' 때문입니다. 시간이 갈수록 기후는 더 악화되고 있어요. 우리나라도 근래에 들어 3개월 이상 심한 가뭄이 발생하고 30일 이상 폭염이 지속되면서 사망자가 발생했습니다. 기후 문제는 인류의 생존에 중대한 영향력을 미치고 있지요.

이런 이유로 미래 에너지 산업은 환경 생태계를 복원하고 유지하면서 저탄소 녹색성장을 가능케 하는 방향으로 나아가고 있어요. 물을 절약하고 오·폐수를 재처리하며 빗물을 받아 이용하는 기술, 바다의 담수화 산업, 심층수 개발 등 기타 친환경 에너지 산업에 대한 세계적 관심이 매우 높습니다. 미래의 기후 에너지 산업은 국가 차원에서 기후 변화나 신재생 에너지 혹은 자연 에너지 시장을 늘리는 데 중점을 두면서 꾸준히 발전하고 있답니다.

미래 에너지 관련 주요 예측 연표

2024년	태양 에너지를 가공해서 지구로 전달하는 기술이 가능해진다.
2025년	세계 인구의 40%가 물 부족 현상을 겪을 가능성이 크다.
2040년	북극의 빙하가 거의 사라져서 살인적 폭염이 2년에 한 번꼴로 발생한다.
2050년	최소 2억 명의 환경난민이 발생한다.
2090년	한국에서 사계절이 완전히 사라진다.

『2030 대담한 미래』(지식노마드, 2013) 참고

신재생 에너지의 종류

태양 에너지
태양의 열과 빛으로부터 에너지를 얻음

풍력 에너지
바람으로부터 에너지를 얻음(대관령, 제주, 영덕의 풍력발전단지)

폐기물 에너지
버려지는 폐기물을 통해 연료 및 에너지를 얻음

▲ 목동 열병합발전소

지열 에너지
지구 내부의 뜨거운 열로부터 에너지를 얻음

해양 에너지
파도의 조수간만의 차, 바닷물의 온도차, 염도차 등에 의해 에너지를 얻음

▲ 시화호조력발전소

바이오매스
생물체를 열분해하거나 발효시켜서 메탄이나 에탄올, 수소 등의 연료를 얻는 기술(예: 사탕수수와 카사바로부터 알코올을 채취해 자동차의 연료로 사용)

▲ 자동차의 연료로 사용되는 카사바

연료전지
수소와 산소가 결합하면서 물로 변할 때 발생하는 에너지를 전기 형태로 저장한 에너지

▲ 메탄올 연료전지

토론왕 되기!

 미래 직업 준비, 어떻게 해야 할까?

기술은 인간의 본성과 감성에 맞추어서 발전해 왔으며, 사람들에게 편리함과 효용성을 가져다주었어요. 인공지능과 로봇으로 대표되는 4차 산업혁명의 변화를 맞이하는 오늘날에도 마찬가지지요. 하지만 첨단기술로 무장한 로봇이 사람들이 하던 일을 모두 대신하게 될까 봐 살짝 두렵기도 합니다. 로봇은 아무리 기술이 발달한다 할지라도, 사람의 일을 보조해 주는 수단일 뿐입니다. 기술이 발달하면 발달할수록 사람들은 인간의 관점에서 기술과 자연현상을 이해하고, 인간이 무엇인지, 인간은 어떻게 살아야 하는지, 스스로의 가치와 존엄성을 확인합니다. 그래서 모든 기술은 인간을 중심으로 발전하는 것이죠. 첨단과학이 바로 인문학인 이유입니다.

요즘 우리 사회에 부는 인문학 열풍도 바로 이런 맥락에서 이해할 수 있어요. 새로운 기술 개발의 목표를 인문학적 통찰을 통해 구하고 있기 때문이지요. 영어 한 단어 더 외우고, 수학 한 문제 더 푸는 이유는 시험에 합격하고 어떤 기술을 배우기 위해서가 아니랍니다. 단어 하나하나가 주는 상상력과 이해력, 그리고 논리적 사고력을 키우기 위해서예요. 급격한 변화의 물살을 타고 있는 요즘일수록 더 많은 책을 읽고, 다양한 경험을 쌓아야 합니다. 인문학적 상상력이 바로 창의적 기술 개발의 원동력이 되고 있으니까요.

미래 직업 교육은 차별화된 개별 학습에서부터 시작됩니다. 사람마다 호기심을 가지는 분야 및 재능, 관심이 다르니까요. 실수와 실패를 반복하면서 획기적인 아이디어나 활동을 찾아보세요. 미래 사회는 혼자서 무언가를 이루어 낼 수는 없기 때문에 나 혼

자 하는 활동보다는 친구들과 함께하는 활동이 더 중요하답니다.

이제는 모바일 소셜네트워킹 시대입니다. 자기 자신을 드러내는 걸 겁내지 말고 적극적으로 표현해 보세요. 그래야 서로 지식과 정보를 나누면서 협동할 수 있어요. 내 옆의 친구는 경쟁상대가 아니라 동료예요. 나 혼자 똑똑해서 영웅이 되는 것보다 함께 팀플레이를 할 때 일의 결과가 훨씬 좋다는 걸 잊어서는 안 됩니다. 이를 위해서는 컴퓨터나 모바일을 멀리하면 안 되겠지요? 먼저 컴퓨터와 친숙해져야 합니다. 모든 지식이 컴퓨터 속에 들어가고 있는 세상이니까요. 게임을 하면서 단순히 컴퓨터를 소비하지 말고 컴퓨터 프로그램 코딩능력을 배워 보세요. 코딩을 할 줄 아느냐 모르냐 미래 사회에서는 마치 글을 쓰고 읽을 줄 아는 능력과 같습니다. 모든 업무가 디지털화되니까요. 문제를 해결할 때도 코딩이 필요해요. 코딩을 익혀 프로그램을 읽고 쓰고 생각할 줄 알아야 무언가를 만들 수 있을 테니까요.

우리가 살아갈 미래는 전 세계인의 상상력이 인터넷에서 교차된답니다. 어떤 생각과 어떤 기술이 생겨날지 몰라요. 세상의 흐름을 분석하면서 다양한 상상력으로 미래를 준비해 보세요.

다음 중 미래에 각광받을 신재생 에너지가 아닌 것은?

1. 원자력 에너지
2. 태양력 에너지
3. 바이오매스
4. 폐기물 에너지
5. 수소 에너지

정답 ① 원자력 에너지는 우라늄이나 플루토늄의 핵분열 반응을 통한 열에너지로 발전하는 에너지로 신재생 에너지가 아니다. 신재생 에너지를 이용하면 화석연료 사용으로 인한 온실가스 배출이나 환경오염을 줄일 수 있습니다.

미래 유망 직업 관련 사이트

◉ 워크넷 www.work.go.kr
한국고용정보원에서 운영하는 사이트로, 청소년과 성인을 대상으로 직업 정보를 제공하고 있어요. 이곳에서 자신에게 필요한 적성검사를 무료로 받을 수 있답니다.

◉ 진로 정보망 커리어넷 www.career.go.kr
교육과학부 산하 기관인 한국직업능력개발원에서 운영하는 사이트로, 개개인에 맞는 진로 적성 및 직업을 소개하는 사이트입니다. 온라인으로 검사를 할 수 있으며, 검사 결과를 즉시 확인할 수 있습니다.

◉ 원격 영상 진로 멘토링 mentoring.career.go.kr
여러 분야의 전문 직업인, 자신의 진로를 창의적으로 개척한 진로 선구자들이 멘토링 수업을 실시하여 청소년에게 생생한 직업 정보를 제공하고 체험할 수 있도록 하는 프로그램입니다. 원하는 요일 및 시간대를 선택하여 실시간 멘토링을 진행하는 수요자 맞춤형 프로그램이죠. 정보통신(ICT) 원격영상 시스템, PC, 웹캠, 스마트폰, 태블릿 PC 등을 활용해 물리적 공간의 한계를 극복하여 평소에 만나기 어려운 다양한 멘토들을 만나볼 수 있습니다.

◉ 꿈길 www.ggoomgil.go.kr
교육부에서 운영하는 사이트예요. 학생 한 명 한 명의 꿈과 끼를 살리는 개인 맞춤형 진로 설계를 지원하기 위해 온·오프라인의 진로체험 교육 기관의 정보를 탑재하여 서비스하고 있습니다.

◉ 온라인 창업 체험 교육 프로그램 yeep.kr
학교 내에서 창업 및 기업가 정신에 대한 체험교육을 통해 청소년의 도전정신과 진로 개발 역량을 키워주는 온·오프라인 융합형 진로 체험 사이트입니다.

- **사물인터넷** | 사람과 주변 사물들이 서로 유·무선 네트워크로 정보를 주고받는 환경

- **헤드헌터** | 기업이 필요로 하는 고급 인력을 업체에 소개하고 평가, 알선하는 사람

- **데이터 보험 계리사** | 통계 시스템을 이용하여 사회 환경과 경제 실정에 맞는 보험 상품을 개발하는 사람

- **홀로그래피** | 두 개 이상의 빛이 만나면 일으키는 간섭현상을 이용해 입체적으로 정보를 기록하고 재생하는 기술

- **뇌-기계 인터페이스** | 외부 입력장치 없이 바로 뇌의 기능, 즉 생각만으로 기계를 움직이게 하는 기술

- **마인드 인스트럭터** | 인공지능이나 기술이 빠르게 진화하는 사회에서 가치관이나 자신의 정체성, 행복을 찾지 못하는 사람들의 마음을 치유하고 도와주는 사람

- **나노 메딕** | 진단 시스템, 치료 모니터링 솔루션 설계를 모두 나노 수준에서 작업하고 의료 수술을 하는 의사

- **티핑 포인트** | 서서히 변화하는 것 같지만 어느 한순간에 확 바뀌는 미래처럼 어떤 변화가 일어날 때 서서히 움직이다가 갑자기 한순간에 퍼져나가는 순간을 의미(예: 처음에 한두 명의 친구들이 스마트폰을 가지고 다니자 서너 명이 가지게 되고, 어느 순간 대부분의 아이들이 다 가지게 되는 현상)

- **햅틱 장치 |** 키보드, 마우스, 조이스틱, 터치스크린을 통해 힘과 운동감을 촉감으로 느끼게 해 주는 기술

- **기상 컨설턴트 |** 기상정보를 필요로 하는 개인이나 기업에 기상정보와 위험 관리 전략을 제공하는 직업

- **신재생 에너지 |** 기존의 화석 연료를 재활용하거나 재생 가능한 에너지를 변환시켜 이용하는 에너지로 태양 에너지, 지열 에너지, 해양 에너지, 바이오 에너지 등이 있음

- **세계 자원 관리자 |** 복잡한 자원과 인력의 공급, 에너지 무역, 국제적 고객의 수요, 법률적 요소, 전체 비용에 대한 고려, 프로젝트 계획 등에 대한 세계 전략을 구성하는 사람

- **브레인 퀀트 |** 수학 모델을 이용해 기업의 가치와 현재의 주가, 시장의 움직임에 대한 예측 통계 모델을 산출하는 프로그램을 만들고, 이에 근거해 투자 결정을 내리는 사람

- **디지털 화폐 |** 온라인상에서 실제 화폐처럼 물건을 사고팔 수 있는 가상화폐

- **개인 브랜드 매니저 |** 개인의 가치를 평가하여 장점을 개발할 수 있도록 도움을 주는 사람

신나는 토론을 위한 맞춤 가이드

미래 유망 직업에 대한 이야기를 재미있게 읽었나요? 이제 미래 유망 직업에 관한 한 박사가 다 되었다고요? 그 전에 마지막 단계인 토론을 잊지 마세요. 토론을 잘하려면 올바른 지식과 다양한 정보가 바탕이 되어야 해요. 책을 다 읽고 친구 또는 부모님과 함께 신나게 토론해 봐요!

잠깐! 토론과 토의는 뭐가 다르지?

토론과 토의는 모두 어떤 문제를 해결하기 위해 의견을 나누는 일입니다. 하지만 주제와 형식이 조금씩 달라요. 토의는 여러 사람의 다양한 의견을 한데 모아 협동하는 일이, 토론은 논리적인 근거로 상대방을 설득하는 일이 중요합니다. 토의는 누군가를 설득하거나 이겨야 하는 것이 아니기 때문에 서로 협력해서 생각의 폭을 넓히고 좋은 결정을 내릴 때 필요해요. 반면 토론은 한 문제를 놓고 찬성과 반대로 나뉘어 서로 대립하는 과정을 거치지요.

넓은 의미에서 토론은 토의까지 포함하는 경우가 많습니다. 토론과 토의 모두 논리적으로 생각 체계를 세우고, 사고력과 창의성을 높이는 데 도움을 준답니다.

토론의 올바른 자세

말하는 사람
❶ 자신의 말이 잘 전달되도록 또박또박 말해요.
❷ 바닥이나 책상을 보지 말고 앞을 보고 말해요.
❸ 상대방이 자신의 주장과 달라도 존중해 주어요.
❹ 주어진 시간에만 말을 해요.
❺ 할 말을 미리 간단히 적어 두면 좋아요.

듣는 사람
❶ 상대방에게 집중하면서 어떤 말을 하는지 열심히 들어요.
❷ 비스듬히 앉지 말고 단정한 자세를 해요.
❸ 상대방이 말하는 중간에 끼어들지 않아요.
❹ 다른 사람과 떠들거나 딴짓을 하지 않아요.
❺ 상대방의 말을 적으며 자기 생각과 비교해 봐요.

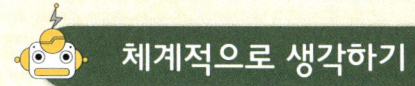

 최첨단 의료 서비스 산업, 차세대 경제성장 동력이 되다!

다음 글을 읽고 미래 의료 서비스 산업의 전망에 대해 생각해 봅시다.

최근 저성장, 고실업 상태가 지속되면서 일자리 문제에 대한 관심이 높은데, 이러한 문제를 해결할 수 있는 새로운 산업으로 의료 서비스 산업이 주목받고 있다. 국민소득의 증가, 저출산, 고령화, 첨단의료기술의 발전으로 의료 서비스 산업은 그 어느 때보다도 높은 부가가치와 일자리 창출 효과가 클 것이라고 예상하기 때문이다. 우리나라 의료 서비스 산업의 일자리는 점차 전문화되어 가고 있으며 의료 서비스에 대한 소비자들의 다양한 요구도 증가했다. 그로 인해 전통적인 의사, 간호사 등의 일자리뿐 아니라 물리치료사, 작업치료사, 언어치료사, 음악 및 미술치료사 등 새로운 분야의 서비스 영역으로까지 일자리가 생겨나고 있다. 또 다른 한편으로는 다양한 분야의 전문지식과 의료의 결합으로 새로운 융합형 일자리가 등장하고 있다. 인공지능을 갖춘 로봇의 등장으로 의료 서비스 산업은 최첨단 산업으로 변신했으며, 보건의료 빅데이터 분석을 위해 통계학, 산업공학, 컴퓨터 공학에 대한 수요도 계속 증가하고 있다. 뿐만 아니라 뇌 기능 연구, 생물학, 인지과학 등의 다양한 전문가들도 현재 의료 산업에서 활발하게 활동 중이다. 이로 인해 의료 산업은 최첨단 고부가가치 서비스 산업으로 많은 경제적 효과를 창출한다. 우리 경제 산업에 새로운 활력을 불어넣을 차세대 성장 동력으로 예상되는 이유이다.

우리나라의 경제성장을 이끌어 나갈 새로운 산업 중 하나가 미래 '의료 서비스 산업'이 될 것이라고 하는 이유는 무엇일까요? 본문에서 찾아 정리해 보세요.

① 사회적 배경:
② 고부가가치 산업에 대한 기대:

논리적으로 말하기 1

 사회적 약자를 배려하는 '미래 유망 기술'에는 어떤 것이 있을까?

과학기술은 우리 생활을 더욱 편리하게 해 줄 뿐 아니라 다양한 활동을 가능하게 해 줍니다. 다음 글을 읽고 놀랍고도 편리한 과학기술로 우리는 무엇을 할 수 있을지 생각해 보고, 또 우리 사회를 어떻게 변화시킬 수 있을지 의견을 말해 봅시다.

우리 사회는 정보, 의료, 에너지, 문화 교육 등의 부문에서 사회적 격차가 큰 것으로 나타난다. 과학기술은 이러한 사회적 불평등을 해결할 수 있을 뿐 아니라 사회적 약자를 도와주는 도구가 될 수 있다. 보다 많은 사람들이 과학기술의 혜택을 누릴 수 있는 미래 유망 기술에는 어떤 것이 있을까? 한국기술평가원(KISTEP)에서 발표한 '우리 사회 격차를 줄여 줄 미래 유망 기술'을 살펴보자.

1. 의료 격차 해소
- 스마트폰 이용진단기술: 스마트폰의 센서 및 카메라, 간단한 부착장비를 통해 혈당, 혈압, 심박수 등을 측정하여 그 결과를 전송해 주는 기술이다. 병원을 찾기 어려운 지역의 사람들에게 현장에서 바로 검사할 수 있는 의료 서비스를 제공해 준다.
- 신체 부착 센서 기술: 반창고나 스티커 또는 문신처럼 피부에 붙여 몸의 건강상태를 모니터링하는 기술이다. 비싼 장비를 이용하지 않고도 싼 가격으로 의료 서비스를 이용할 수 있다.

2. 정보 격차 해소
- 가시광통신기술(Li-Fi): 빛에 정보를 실어 통신하는 기술이다. 새로운 무선통신망 기술로 주목받고 있다. 빛이 있는 곳이라면 어디서나 사용 가능하며 인체에 무해하고 저렴하다는 게 특징이다.
- 가상촉감기술: 가상환경에서 접촉하는 대상을 실제 현실에서 만지는 것처럼 느끼게 해 주는 기술이다. 이동이 불편한 장애인에게 현장의 생생함을 체험시킬 수 있는 기

회를 제공한다.

3. 에너지 격차 해소

- 진공단열 기술: 열 에너지 손실을 최소화하기 위해 진공기술을 활용한 기술이다. 진공단열재의 경우 가전용이나 건축용에 사용되어 고효율 고성능을 발휘한다. 기존의 단열재에 비해 가정용의 경우 20~30%까지 에너지 절감이 가능하고 건축용으로 쓰일 경우 제로에너지빌딩을 구현시킬 수도 있어 에너지 빈곤 문제를 해결할 수 있을 것이다.

4. 문화 및 교육 격차 해소

- 개인 맞춤형 스마트 러닝 기술: 학습자의 능력과 특징에 맞춰 교육 콘텐츠와 서비스를 제공해 학습효과를 높여주는 기술이다. 지역 간, 계층 간 교육 격차를 해소하는 데 도움을 줄 것으로 예상한다.
- 실감 공간 구현기술: 실제 사물이나 가상 사물을 실제와 같이 3차원 공간에 자연스럽게 재현하는 기술이다. 특히 이 기술을 활용하여 테마파크나 박물관, 공연장 등 다양한 가상현실을 현실로 구현해 내면 오지나 산간 등에 문화적 혜택을 줄 수 있을 것으로 기대된다.

이러한 미래 유망 기술들은 가장 파급효과가 크고 시급한 대응이 필요하다.

01 사회적 약자를 배려할 수 있는 과학기술에는 어떤 것들이 있을까요?

02 과학기술이 발전하면 그 혜택은 누가 누리게 될까요? 힘세고 부유한 사람들만이 과학기술 발전의 혜택을 누려야 할까요? 보다 많은 사람들에게 과학기술의 혜택이 갈 수 있도록 발전시켜야 합니다. 왜 과학기술이 우리 사회의 격차와 불평등을 감소시키는 방향으로 나아가야 하는지 그 이유에 대해 토의해 봅시다.

논리적으로 말하기 2

★ 자율주행 자동차가 상용화되면 운전면허증이 필요할까?

사람이 직접 운전을 하지 않아도 목적지까지 스스로 운행하는 자율주행 자동차에 대한 관심이 높아지고 있어요. 아직 완성되지는 않았지만 자율주행 자동차는 우리 앞에 곧 모습을 드러낼 거예요. 아래 글을 읽어 보고 자율주행 자동차가 우리의 생활을 어떻게 바꿀지, 또 보완해야 하는 문제점은 무엇이 있는지 생각해 봅시다.

운전자가 손을 핸들에 올려놓을 필요가 없습니다. 앞차와의 간격을 일정하게 유지하면서 일정한 속도로 달립니다. 차선도 스스로 알아서 바꿉니다. 어두운 밤에도 교통 표지나 사물을 식별해서 달립니다. 사람이나 횡단보도를 잘 가려내기도 합니다. 이처럼 영화에서나 보던 자율주행 자동차가 우리 앞에 성큼 다가와 있습니다. 국내에서도 자율주행기능을 적용한 차들을 공개하여 현재 판매 중입니다. 아직까지는 완벽한 자율주행 자동차가 상용화되어 있진 않지만 기술은 빠른 속도로 발전하고 있습니다. 관련 업계에서는 2020년쯤에는 자율주행차가 상용화될 것이라고 보고 있습니다.

하지만 자율주행차 상용화에는 풀어야 할 문제도 많습니다. 무엇보다 차량과 차량, 관제센터가 실시간 연결되는 빠른 통신네트워크와 자율도로교통 시스템도 필요합니다. 우리나라 국토교통부에서도 보다 자유롭고 다양한 환경에서 자율주행차를 개발할 수 있도록 '스마트 하이웨이' 개발에 힘쓰고 있습니다. '스마트 하이웨이'란 지능형 교통 서비스(ITS)를 적용해 운행 중인 차량과 통제시스템에 정보를 전달하는 고속도로로, 각종 사고를 줄이고 소통을 원활하게 하는 것을 목적으로 하고 있습니다.

기술적인 측면뿐 아니리 관련 법 규정에 대해서도 관심이 높은데, 그중 하나가 '운전면허증'입니다. 자동차가 컴퓨터 프로그램에 의해 스스로 운전하게 된다면 운전면허증은 필요 없지 않을까 생각되는데, 오히려 자율주행 자동차 관련 법 규정이 빠른 미국의 경우에는 필요하다는 방향으로 자리를 잡아 가고 있습니다. 이러한 법 규정 중 하나는 자율주행 자동차에 반드시 운전자 탑승을 의무화하는 것입니다. 자율주행 자동차라 할지라도 무인운행은 허용하지 않겠다는 것이죠. 자동차가 알아서 운전을 하더라도 사람이 모든 상황을 관찰하고 비상시에 적절하게 대응해야 한다는 것입니다. 교통법규를 어기거나 사고가 발생하게 된다면 그 책임도 자율주행 자동차가 아니라 그 차에 탑승하고 있는 사람에게 있다는 것이지요. 운전자는 사고 위험 시 승객과 주변을 보호할 책임과 의무가 있습니다. 또한 자율주행 자동차는 수많은 데이터를 바탕으로 운행되는데, 이로 인해 '사생활 보호'나 '사이버 보안'에 대한 규정 마련도 시급합니다. 개인의 생체정보 수집을 거부할 수 있어야 하며, 사이버 공격에 방어할 수 있는 보안 시스템을 갖춰야 하죠.

'안전'에 대한 문제는 무엇보다 풀어야 할 과제입니다. 시스템의 오작동이나 사고 시 안전하게 대응할 수 있는 시스템, 충돌 시 승객을 보호할 수 있는 성능 등을 보완해야 합니다. 기술의 문제보다는 관련 법률과 제도에 대한 논의가 더욱 필요한 시점입니다.

01 우리나라 국토교통부에서 연구개발 중인 고속도로의 이름은 무엇인가요?

02 자율주행차가 상용화된다면 어떤 점이 편리할까요?

① 교통약자에 대한 이동의 편리성:

② 교통 문제, 사고로 인한 사회적 비용의 감소:

03 자율주행차가 상용화되기 위해서 해결해야 할 문제점들은 무엇인가요?

04 자율주행차는 사람이 아니라 컴퓨터 프로그램이 운전하는 차입니다. 자동차가 스스로 운전하는데도 운전면허증이 필요할까요? 필요하지 않을까요? 토론해 봅시다.

- 운전면허증이 필요하다. VS 운전면허증이 필요하지 않다.

창의력 키우기

과학기술의 발전으로 20년 후 우리들의 미래는 이제까지의 모습과는 전혀 달라질 거예요. 다가오는 미래에는 어떤 직업을 가지는 게 좋을까요? 여러분이 미래에 갖고 싶은 직업과 그 이유, 그리고 이를 위해서는 어떤 공부를 해야 할지에 대해 구체적으로 적어 봅시다.

예시답안

최첨단 의료 서비스 산업, 차세대 경제성장 동력이 되다!
1. ① 국민소득의 증가, 저출산, 고령화로 인해 의료 서비스에 대한 소비자들의 요구가 다양해지고 있다.
   ② 다양한 분야의 전문지식과 최첨단 의료기술의 융합으로 의료 산업은 점점 전문화되어 간다. 이로 인한 새로운 의료 서비스가 생겨나고 있다.

사회적 약자를 배려하는 '미래 유망 기술'에는 어떤 것이 있을까?
1. 스마트폰 이용진단기술, 신체 부착 센서 기술, 가시광통신기술, 가상촉감기술, 진공단열 기술, 개인 맞춤형 스마트 러닝 기술, 실감 공간 구현기술
2. 과학기술의 발전은 사회 구성원 모두의 힘과 노력으로 이루어졌다. 그러므로 과학기술의 혜택은 우리 사회 구성원 모두가 누려야 한다. 보다 많은 사람에게 혜택을 줄 수 있는 과학기술을 선택하여 발전시켜 나가야 한다. 힘센 사람들만이 과학기술의 혜택을 독점하게 된다면 힘없는 사람은 더욱 가난하고 불행해질 것이다. 그렇게 되면 사회가 혼란스러워져서 사회 붕괴로 이어질 수도 있다. 사회가 안전해지지 않는다면 과학기술 역시 더 이상 발전할 수 없다.

자율주행 자동차가 상용화되면 운전면허증이 필요할까?
1. 스마트 하이웨이
2. ① 장애인이나 노약자 등도 원하는 곳으로 직접 이동할 수 있다.
   ② 졸음운전, 판단 착오로 인한 교통사고를 줄일 수 있고, 이동 중에도 다른 일을 할 수 있다.
3. 자율주행차가 달릴 수 있는 자율도로 시스템과 차량, 관제센터가 실시간 연결되는 빠른 통신네

트워크, 자율주행차에 대한 운행규칙, 사생활 보호, 사이버 보안과 관련된 법률과 제도, 시스템의 오작동이나 사고 시 안전하게 대응할 수 있는 시스템, 충돌 시 승객을 충분히 보호할 수 있는 안전에 대한 기술 등을 해결해야 한다.

4. 운전면허증이 필요하다: 운전면허증은 차를 운전하는 데 필요한 기술뿐 아니라 운행 시 발생할지도 모를 사건사고에 대한 책임과 의무에 대해서도 규정하고 있다. 아무리 자율주행 운전 프로그램이 발달해도 오류가 생길 수 있다. 따라서 비상시 사건사고에 대비해 차량을 관리·조절해야 하며, 이때 필요한 판단은 컴퓨터 운행 프로그램보다는 인간의 판단을 우선시해야만 한다. 차량 운전자는 승객과 주변을 보호할 윤리적·사회적 책임과 의무를 다해야 하기 때문이다.

운전면허증이 필요하지 않다: 인간의 판단이 컴퓨터 프로그램의 판단보다 나을 것이라는 생각은 편견이다. 기술은 나날이 발전하고 있다. 사람이 차량으로 운전할 때 발생하는 수많은 사건, 사고 등을 미루어 볼 때 오히려 어설픈 사람의 판단으로 전체 자율주행 시스템에 오작동을 야기할 수 있다. 궁극적으로 운전면허증이 필요한 것이 아니라 사율주행 운전 프로그램을 더욱 안전하게 보완해야만 한다. 사건사고로 인한 책임은 운전자 개인이 아니라 안전운행 프로그램을 만든 사회 전체가 져야 한다.

이제 토

AI 시대 미래
토론

과학토론왕

✓ 뭉치북스가 만든 국내 최초 토론

✓ 한국디베이트협회와 교육 전문가들이 강력

한국디베이트협회

2017 세종도서 교양부문

미래창조과학부인증우수과학도서 2018

2016년 우수건강도서

서울시 교육청 추천도서

2012 문화체육관광부 우수교양도서

✓ 초등 국어 교과서 선정 도서!
✓ 활용 만점 독후 활동지 각 권 제공!

한우리 추천도서
경향신문 추천도서
경기도 초등토론 교육연구회 추천
경기도 지부 독서 골든벨 선정도서
환경정의 어린이 환경책 권장도서
학교도서관 사서협의회 추천도서
한국 아동문학인협회 우수도서

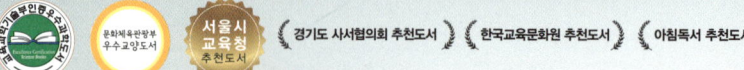

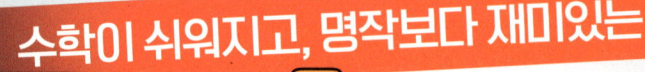

뭉치수학왕

수학이 쉬워지고, 명작보다 재미있는

"인공지능(AI) 시대의 힘은 수학에서 나온다!"

개념 수학

〈수와 연산〉
1 양치기 소년은 연산을 못한대
2 견우와 직녀가 분수 때문에 싸웠대
3 가우스, 동화 나라의 사라진 0을 찾아라
4 가우스는 소수 대결로 마녀들을 물리쳤어
5 앨런, 분수와 소수로 악당 히들러를 쫓아내라
6 약수와 배수로 유령 선장을 이긴 15소년

〈도형〉
7 헨젤과 그레텔은 도형이 너무 어려워
8 오일러와 피노키오는 도형 춤 대회 1등을 했어
9 오일러, 오즈의 입체도형 마법사를 찾아라
10 유클리드, 플라톤의 진리를 찾아 도형 왕국을 구하라
11 입체도형으로 수학왕이 된 앨리스

〈측정〉
12 쉿! 신데렐라는 시계를 못 본대
13 알쏭달쏭 알라딘은 단위가 헷갈려
14 아르키는 어림하기로 걸리버 아저씨를 구했어
15 원주율로 떠나는 오디세우스의 수학 모험

〈규칙성〉
16 떡장수 할머니와 호랑이는 구구단을 몰라
17 페르마, 수리수리 규칙을 찾아라
18 피보나치, 수를 배열해 비밀의 방을 탈출하라
19 비례배분으로 보물섬을 발견한 해적 실버

〈자료와 가능성〉
20 아기 염소는 경우의 수로 늑대를 이겼어
21 파스칼은 통계 정리로 나쁜 왕을 혼내 줬어
22 로미오와 줄리엣이 첫눈에 반할 확률은?

융합 수학

〈문장제〉
23 개념 수학-백점 맞는 수학 문장제①
24 개념 수학-백점 맞는 수학 문장제②
25 개념 수학-백점 맞는 수학 문장제③

〈융합 수학〉
26 쌍둥이 건물 속 대칭축을 찾아라(건축)
27 열차와 배에서 배수와 약수를 찾아라(교통)
28 스포츠 속 황금 각도를 찾아라(스포츠)
29 옷과 음식에도 단위의 비밀이 있다고?(음식과 패션)
30 꽃잎의 개수에 담긴 수열의 비밀(자연)

창의 사고 수학

31 퍼즐탐정 셜렁홈즈①-외계인 스콜피오스의 음모
32 퍼즐탐정 셜렁홈즈②-315일간의 우주여행
33 퍼즐탐정 셜렁홈즈③-뒤죽박죽 백설 공주 구출 작전
34 퍼즐탐정 셜렁홈즈④-'지지리 마란드러' 방학 숙제 대작전
35 퍼즐탐정 셜렁홈즈⑤-수학자 '더하길 모테'와 한판 승부
36 퍼즐탐정 셜렁홈즈⑥-설국열차 기관사 '어도글 달리능기라'
37 퍼즐탐정 셜렁홈즈⑦-해설 및 정답

수학 개념 사전

38 수학 개념 사전①-수와 연산
39 수학 개념 사전②-도형
40 수학 개념 사전③-측정·규칙성·자료와 가능성